O Calvário de Tereza

EDITORA EME

Solicite nosso catálogo completo, com mais de 350 títulos, onde você encontra as melhores opções do bom livro espírita: literatura infantojuvenil, contos, obras biográficas e de autoajuda, mensagens espirituais, romances palpitantes, estudos doutrinários, obras básicas de Allan Kardec, e mais os esclarecedores cursos e estudos para aplicação no centro espírita - iniciação, mediunidade, reuniões mediúnicas, oratória, desobsessão, fluidos e passes.

E caso não encontre os nossos livros na livraria de sua preferência, solicite o endereço de nosso distribuidor mais próximo de você.

Edição e distribuição

EDITORA EME

Caixa Postal 1820 - CEP 13360-000 - Capivari - SP

Telefones: (19) 3491-7000 | 3491-5449

Vivo (19) 99983-2575 | Claro (19) 99317-2800

vendas@editoraeme.com.br - www.editoraeme.com.br

Lúcia Cominatto

O Calvário de Tereza

Capivari-SP
- 2018 -

Os direitos autorais desta obra foram cedidos pela autora para a Editora EME, o que propicia a venda dos livros com preços mais acessíveis e a manutenção de campanhas com preços especiais a Clubes do Livro de todo o Brasil.

A Editora EME mantém, ainda, o Centro Espírita "Mensagem de Esperança" e patrocina, junto com outras empresas, a Central de Educação e Atendimento da Criança (Casa da Criança), em Capivari-SP.

3ª reimpressão - fevereiro/2018 - de 7.001 a 8.000 exemplares

CAPA | André Stenico

PROJETO GRÁFICO E DIAGRAMAÇÃO | Marco Melo

REVISÃO | Rubens Toledo

Ficha catalográfica

Cominatto, Lúcia, 1929
O calvário de Tereza / Lúcia Cominatto - 3ª reimp. fev. 2018 - Capivari, SP: Editora EME.
152 p.

1ª ed. julho 2016
ISBN 978-85-66805-84-0

1. Romance espírita. 2. Síndrome de *Down*. 3. TVP, aborto e amnésia. 4. Obsessão, defeitos e virtudes em consonância com o Evangelho.
I. TÍTULO.

CDD 133.9

Meus sinceros
agradecimentos ao
amigo Rubens Toledo,
pela preciosa colaboração
nesta obra.

Lúcia Cominatto

Sumário

Apresentação

Após alguns livros psicografados com mensagens da irmã Maria do Rosário, este novo romance espírita, assim como o anterior, *O sonho de Sofia*, também foi por mim redigido, embora com algumas inspirações.

Trata-se de uma tentativa de mostrar o quanto o orgulho e a vaidade podem trazer consequências desagradáveis e impedir quaisquer manifestações de amor.

Abordando a síndrome de *Down*, e a rejeição de Tereza pela filha caçula, contrapondo com a dedicação do pai, podemos compreender o quanto essas crianças especiais necessitam de amor.

Também a Terapia de Vidas Passadas foi abordada no decorrer deste romance, apesar de não constar dos ensinamentos dados pelos espíritos, presentes nas obras de Allan Kardec, que constituem a codificação espírita.

Perguntaria, então, o leitor: por que o foi incluído? Justamente para mostrar que, não obstante seja um recurso terapêutico válido, a TVP não basta em si mesma como cura definitiva. E que só mesmo pela terapia do evangelho de Jesus, vivenciado a cada dia, estaremos removendo as lembranças do passado de culpas. O passado já se foi, e o presente é o tempo ideal para reconstruir nossa história e garantir um futuro mais feliz.

As decepções amorosas, o perdão negado, o gesto infeliz da mão que se levanta contra o próprio irmão, acarretando ódio e perseguição, estão presentes neste romance. Não para exaltar o erro, mas para demonstrar a perfeição das leis divinas e quão magnânima é a Sua justiça, permitindo que o infrator de ontem possa reabilitar-se perante a própria consciência através dessa verdadeira escola de bênçãos que é a reencarnação.

Que Jesus nos abençoe, hoje e sempre!

Lúcia Cominatto
São Paulo, 15 de maio de 2016.

Capítulo I

Pierre D'Alembert

Marselha, França, meados do século 18. Um homem transita por rua estreita e quase deserta. O céu plúmbeo denuncia o cair da noite, após escaldante dia de verão. O andarilho detém o passo frente a belo e antigo casarão assobradado. Na porta, a tabuleta, com a inscrição "Entre", convida.

Curioso, empurra a porta. Uma escada forrada com tapete vermelho. O som do acordeão, entrecortado por vozes femininas, é acompanhado de forte e adocicado perfume.

Vagarosamente, degrau a degrau, ele sobe a escada. No topo, duas mulheres, exageradamente pintadas, aguardam sorridentes. Pierre sabe que está num bordel.

- Suzette! - diz a primeira, estendendo-lhe a mão.

- Michelle... - apresenta-se a outra, insinuante.

Pierre aceita a taça de vinho que lhe é estendida. E senta-se ao lado delas. Suzette enlaça o recém-chegado, numa leve carícia, mas Pierre se afasta, com elegância, demonstrando que já fizera a escolha por Michelle.

Suzette reage, afastando-se bruscamente. Lança-lhe olhar de raiva e desprezo. Levanta-se, dirigindo-se para junto de dois jovens que já mostravam sinais de embriaguez.

Michelle conduz Pierre a uma mesa no fundo do salão, junto a uma janela de onde podiam apreciar o mar. Uma brisa fresca penetra o ambiente, dando-lhes sensação de bem-estar. Ali as horas transcorrem despreocupadas. O casal troca palavras, sorrisos e carícias. Até madame Nicole fazer costumeira advertência:

- *Trés bien! Trés bien...* Esta casa não poderá manter as portas abertas se vocês continuarem assim, contemplando o céu e o mar...

Pierre riu do jeito da cortesã. Tomou Michelle

pela mão e, de braços dados, tomaram um dos quartos. Para um primeiro encontro, as juras de amor pareciam pura fantasia do casal. Mas eles estavam apaixonados. Teria sido amor à primeira vista?

Marion estranhava a demora do esposo. A intuição feminina não se enganaria. Sabia que Pierre estava lhe escapando dos domínios.

Pela manhã, Pierre atravessava a porta de casa.

Fingindo dormir, Marion acompanhou os movimentos do esposo. O hálito denunciava que a bebedeira fora por toda a noite. Mas o que mais lhe doía era o perfume no casaco de Pierre.

Ao longo do dia, Pierre percebeu que devia uma explicação à esposa. Tentou então dissimular.

- Jovert aniversariou. Nós estivemos comemorando... Eu devo ter exagerado.

- Não poderia ter me levado contigo? - argumentou Marion, meio ressentida.

- Sim. Você iria gostar. Mas tudo se deu de forma inesperada. Nem Jovert se lembrava da data.

Foi uma surpresa dos amigos - falou Pierre, dissimulador. Queria cobrir a própria falta com uma mentira, mas o sentimento de culpa já o castigava.

Mas, o fato iria se repetir outras vezes. O repertório de desculpas de Pierre estava se esgotando. E Marion, ao perceber que estava sendo substituída por uma amante, foi entrando em depressão. Nesse estado angustiante, foi definhando dia a dia.

E, numa certa manhã, mergulhada na sua dor, tomou vários calmantes de uma só vez. Caiu num sono profundo, para não mais acordar. Quando o pai chegou à casa, encontrou a filha já morta.

Rodolfo sabia que Marion vinha sofrendo desprezo do esposo. Imaginou que aquele fora um suicídio indireto. Não descansaria até que apurasse a morte da filha. O genro teria de dar-lhe muitas explicações.

Não precisou muito tempo para obter os indícios e confirmar suas suspeitas. As serviçais da casa testemunharam que Pierre não retornava ao lar havia dias.

Desconfiado do caráter do genro, Rodolfo vasculhou por toda a cidade, até entrar no mesmo bordel de madame Nicole. Esperou no salão, simulando divertir-se, até que então viu Pierre descer as escadas, de braços com Michelle. Então, sacando da garrucha, desferiu-lhe tiro certeiro, no coração. Com outro disparo, atingiu também a amante. E para completar a desgraça, disparou outra vez, agora contra a própria cabeça.

Suzette assistiu à cena tomada de horror e também arrependimento. Fora ela quem dera as pistas sobre Pierre.

Rodolfo, pelos crimes cometidos, inclusive para consigo mesmo, ao acabar com a própria vida, despertou numa região de sombras, em estado lastimável. Por muito tempo ali permaneceu, cercado de figuras dantescas e ainda preso aos próprios restos mortais, sentindo os vermes a corroerem o que ainda restava do seu corpo carnal. E, passando fome e uma sede desesperadora, alimentava-se da lama daquele lugar úmido e fétido.

Após quase vinte anos de sofrimentos incríveis, por intercessão da própria filha, que tinha méritos para isso, finalmente conseguiu vislumbrar uma réstia de luz. Sem enxergar, apenas ouviu a voz da filha querida a lhe dizer:

- Vim salvá-lo, meu pai! Antes, porém, é preciso que eleves teu pensamento a Deus e, com humildade, rogue a Jesus que os bons espíritos possam retirá-lo daí.

Chorando, Rodolfo orou como nunca fizera em sua vida:

- Deus, Pai eterno! Humildemente, curvo-me diante de vós para pedir perdão pelo meu ato tresloucado. Fiquei completamente cego pelo ódio que me consumia e, naquele momento, agi sem pensar. Misericórdia, Senhor, para este servo rebelde. Libertai-me destes sofrimentos, pois me sinto morrer a cada instante. Os tiros que disparei ainda me queimam por dentro. E o disparo contra mim mesmo faz com que eu me sinta enlouquecer. Perdão! Perdão, Senhor... Arrependo-me amargamente e enquanto não reabilitar-me perante a própria consciência não terei paz. Jesus, vós que tivestes compaixão de Judas, tende também compaixão de mim...

A rogativa de Rodolfo, porém, ainda não era sincera. Não estava pronto para perdoar, tampouco para merecer o perdão. Mesmo assim, por intercessão de Marion, fora resgatado do vale de sombras e encaminhado para uma estância de socorro, próxima à crosta terrestre. Ali, com outros suicidas, recebeu cuidados até que regenerasse os tecidos perispirituais lesionados.

Entretanto, intimamente, ainda não conseguira perdoar Pierre pelo que havia feito com sua filha tão querida, a doce Marion, levando-a a desencarnar, por causa dos sofrimentos que passou. Não lhe ocorreu que, estando também desencarnado, não pudera encontrar a filha. Mas esta zelava por ele, mas ele não conseguia perceber sua presença, já que não podia vibrar em faixas mais elevadas.

Apesar de todos os ensinamentos ali recebidos, Rodolfo não se sentia satisfeito enquanto não cobrasse de Pierre o sofrimento causado. Com essa ideia fixa, arquitetou um plano de fuga para se vingar.

E, um dia, usando do livre-arbítrio, fugiu

da estância de socorro e seguiu na direção das vibrações mais densas do mundo material, em sintonia com as almas que lhe eram afins, nos sentimentos de ódio e vingança[1].

1 Como ensina Emmanuel, em *Passos da vida*, o espírito devedor perante a própria consciência estará sempre às voltas com o crime cometido, atraído incontinenti para as mesmas circunstâncias e dimensões do ato, que está a requerer reajuste, reconciliação e reparos.

Capítulo II

A pianista

Michele por sua vez não ficaria impune diante das leis divinas. Quase dois séculos depois, reencarnada no Brasil, via-se num recital de piano, num teatro da capital do Império. A pianista Ana Maria Cortez fazia um dos seus mais belos concertos para numerosa plateia.

Mas aquela noite ficaria marcada na sua memória como fatídica. Os aplausos ainda ecoavam no salão, quando a concertista se retirou, sob a proteção de Virgínia, que, além de mãe, era também uma espécie de agente da filha.

– A carruagem nos espera. Vamos! – falou Virgínia, afastando a filha dos admiradores.

Silas, o cocheiro, certificou-se de que as damas estavam bem acomodadas e então estalou o chicote. A carruagem partiu rumo à residência da família. Mas, depois de alguns quilômetros, uma das rodas soltou-se do eixo. Os cavalos não pararam. Ao contrário, açoitados pelo condutor, aceleraram a marcha, fazendo com que a viatura se arrastasse sobre os paralelepípedos da rua estreita e mal iluminada.

No primeiro impacto, Virgínia foi lançada pela janela.

- Meu Deus! Socorro! Parem a carruagem! - gritou a mulher, levantando-se, assustada.

Só mais à frente, os cavalos estancaram a marcha, já sem o comando de Silas, que se embrenhara por uma esquina, abandonando o local.

- Senhora! Venha conosco. Vamos levá-la ao hospital - bradou o cavalheiro de fraque e cartola, descendo da outra carruagem que vinha à retaguarda.

- Júlio! Maria Rosa! Oh! Como Deus é bom! Ajudem-me. Ana ainda está lá!

Em minutos, Ana Maria era levada na carruagem do marquês e em seguida entrava na sala de emergências do hospital.

- Ela vai ficar bem, senhora - falou Maria Rosa, a ex-governanta de Virgínia. - Pedirei a Olga, que é enfermeira neste hospital, para que acompanhe a recuperação de Ana Maria.

- Sou muito grata, amiga. Você cuidou de minha filha e de nossa casa por muitos anos. Serei sempre grata aos bons serviços prestados...

Da enfermaria, ouviam-se ainda os gemidos de Ana, com ferimentos na mão direita. Havia suspeita de fratura em dois dedos, além do rompimento de um tendão do dedo anular. E isso só poderia ser confirmado com novos exames.

Virgínia quis ver a filha, que ainda sentia muitas dores. O médico veio ao seu encontro.

- Doutor... Minha filha é concertista. O senhor acha que ela ficará bem? Quero dizer, esse rompimento do tendão pode prejudicar os seus movimentos?

- Não sabemos ainda. Mas agradeça a Deus se ela puder fazer coisas básicas. As lesões são graves.

Virgínia então se dirigiu até a capela do hospital e orou a Deus, esperando que nada mais grave pudesse ter acontecido à filha.

Horas depois, Ana Maria já estava no quarto. E Virgínia pôde, enfim, ver a filha.

- Ainda sente dor? - aproximou-se a mãe, tocando sua fronte.

- Não, mamãe. Mas estou preocupada com o inchaço. O que o médico lhe disse? Os ligamentos foram comprometidos? Mamãe... Eu não suportaria se... - murmurou, sem conter o pranto.

Virgínia tentou então amenizar o prognóstico dado pelo médico.

- Talvez você precise de uma cirurgia, minha filha. Mas teremos de aguardar novos exames[2].

- Por que cirurgia?

- Parece que houve um rompimento de tendão.

- Meu Deus! Se isso aconteceu, então é o fim da minha carreira. Os movimentos jamais serão os mesmos. Se não puder tocar, prefiro morrer!

---

2 À época, ainda não havia os recursos da medicina moderna, como o aparelho de Raios X, tampouco os aparelhos de ressonância magnética. (Nota do revisor)

– Não diga uma coisa dessas! Você tem toda uma vida pela frente. Tenha fé. Ore a Jesus!

Mais calma e aliviada das dores pelos remédios ministrados, Ana Maria adormeceu. Virgínia passou a noite ao lado da filha.

Na manhã seguinte, Olga veio ver sua amiga de infância. Ana Maria ainda dormia.

– Vejo que você se tornou uma excelente enfermeira. Gostaria muito que tivesse ficado conosco. Mas sua mãe achou que era hora de deixar a casa.

– Dona Virgínia! Minha mãe e eu agradecemos pelo amparo que nos deu. Foram anos muito felizes. Aliás, tenho boas-novas para a senhora. Aninha deverá ter alta hoje. Mas precisará retornar em uma semana para retirar as talas nos dedos fraturados. E então...

– Então...

– Então o doutor marcará a cirurgia.

Lá fora, no galho da árvore, uma coruja piava, como um mau agouro, deixando Virgínia ainda mais nervosa e preocupada. Ao mesmo tempo, pelas frestas da janela, uma suave claridade penetrava, como se fosse um sopro de Deus a incentivar-lhes a coragem e a esperança de que tudo daria certo.

***

Já em casa, Ana repousava no jardim. Esperava o dia de retornar ao hospital para tirar as talas. Olhava para a mão enfaixada. Tentou mover os dedos, mas a dor era intensa. Então entrou em desespero.

Virgínia disfarçou as próprias lágrimas e tentou confortá-la.

- Minha filha! Não exagere nos exercícios. Tenha paciência! Com o tempo, sua mão estará perfeita... Por que não se deita um pouco? Farei um chá para você... Percebi que não dormiu bem esta noite.

- Acordei algumas vezes, com pesadelos. E ainda não consegui identificar aquele cavalheiro que me socorreu. Tampouco aquela dama...

- Ah... Júlio, o marquês! Ele estava presente ao concerto daquela noite. Foi ele quem a conduziu ao hospital. Também tivemos ajuda de Maria Rosa, nossa antiga governanta...

- A governanta? - nesse instante a expressão da moça se modificou.

- Sim... Desde que saiu de nossa casa, sua filha trabalha no hospital em que você foi atendida.

- Olga! - O fogo nos olhos de Ana Maria expressava no rosto da jovem. - Não quero os serviços dessa enfermeira! Se for preciso, vamos procurar outro hospital!

- Por que tanto ódio, minha filha?

- Lembra-se de que ela pegou minha boneca de porcelana e deixou cair de propósito?

- Pensei que já tivesse superado. A menina não teve culpa. Você deveria ter perdoado.

- Jamais! Teve culpa, sim. Era uma descuidada com os meus brinquedos. Pura inveja. Eu sempre fui rica. E ela, pobre! Filha da governanta!

- Pois dizem que é excelente enfermeira. E talvez ainda precise dela...

- Prefiro morrer. Não me admirarei se for provado que Olga planejou o acidente da carruagem. Aquele cocheiro irresponsável poderia muito bem estar a mando dela.

Virgínia silenciou. No fundo da alma, compreendeu o quanto era duro o coração da filha. Lamentou que a educação recebida não houvesse modificado os seus sentimentos. Será que a teria mimado demais?

- Às vezes me pergunto se Maria Rosa não deixou nossa casa por tua causa! Ela nunca revelou as razões.

- Ora, mamãe... Sabe muito bem que perdi um dos violinistas preferidos por conta de Olga!

- Otávio? Pelo que sei, ele ganhou bolsa de estudos de um conservatório musical da Itália.

- Seja esse motivo ou não, só sei que não confio nela!

- Pois cuidarei para que não precise dos seus cuidados - falou a mãe, afastando-se, aborrecida.

Com efeito, Virgínia nunca soubera as razões reais de Maria Rosa haver deixado o cargo de governanta numa casa em que desfrutava conforto e toda a confiança da sua patroa. Mas já suspeitava que a filha pudesse ter feito algum tipo de ameaça ou chantagem, unicamente por despeito ou ciúme, já que fora preterida pelo mesmo jovem que se apaixonara por Olga.

A cirurgia foi realizada com sucesso, com a correção do tendão rompido. Mas a mão direita da pianista não seria mais a mesma. Mesmo com os exercícios constantes para retomar a agilidade dos movimentos, Ana passaria vários meses sem poder executar as sonatas que tão bem lhe faziam à alma. Além de doerem, os dedos não obedeciam ao seu comando.

Os convites para recitais foram escasseando. Até que a carreira de Ana Maria, como concertista, encerrava-se de forma melancólica. Desesperada e desiludida da vida, Ana acabou entrando numa forte depressão. Foi perdendo o apetite e emagrecendo cada vez mais. Por mais que Virgínia se esforçasse, fazendo as comidas de que ela mais gostava, Aninha recusava o alimento, e o pouco que comia não lhe parava no estômago.

Enfraquecida, e sem ânimo para lutar pela própria vida, Ana Maria foi aos poucos definhando. Após um tempo de muito sofrimento, uma gripe, acompanhada de uma pneumonia, levou-a a óbito. Olga, ao tomar conhecimento da morte de Ana Maria, passou a sentir-se culpada, guardando esse sentimento pelo resto de sua vida.

Com a morte de Ana Maria, Virgínia procurou saber mais sobre o que teria provocado aquele triste acidente. O inquérito policial fora arquivado, sem conclusão. Mas onde estaria Silas, o cocheiro? Desde então não fora visto na cidade. Mas ouviam-se comentários de que fora detido numa casa noturna, após ter se envolvido em confusões e bebedeiras.

Virgínia viveria ainda longos anos na Terra. Para aplacar a saudade e o vazio deixado pela filha, iniciara extensa obra filantrópica, mitigando a fome de muitos. A casa ficara grande demais para a sua solidão. E o piano, desde então, tornara-se apenas uma peça do mobiliário.

Capítulo III

Mansão da Paz

Voltemos agora ao que sucedera a Ana Maria. Por que desistira da vida ainda tão jovem? A verdade é que a frustração de não poder mais executar as peças favoritas lhe doera menos do que ter sido preterida pelo jovem a quem amava.

O fato é que agora, flutuando acima do próprio corpo, reconhecia que estava morta. E ao mesmo tempo viva! Não poderia definir por quanto tempo ficaria naquele estado, porque perdera a consciência. Despertou, tempo depois, nos braços de simpática senhora, que se identificou como Elza, e agora habitava um educandário, uma espécie de estância ou retiro a que denominavam Mansão da Paz.

- Por quanto tempo terei de permanecer aqui? - questionava a jovem, mostrando rebeldia.

Ana Maria queria mesmo era voltar ao mundo que deixara para trás e então vingar-se de Olga. Se não pudesse acertar contas, esperaria então apanhá-la nos estados de desdobramento, durante o sono físico. Sabia que isso era possível, porque alguns encarnados já haviam se apresentado, na estância, nessa condição[3].

- Por que não posso tomar minhas próprias decisões? - argumentava.

- As criaturas dispõem de livre-arbítrio. Mas nem sempre fazem as melhores escolhas. Não fosse pelas preces de sua mãe, não estaria nesta estância de recuperação. Mas certamente estaria imantada àquela que considera sua rival e desafeto, nutrindo sentimentos de vingança.

- Mas onde a justiça? Por inveja, aquela infeliz destruiu minha vida!

- Não julgue seu irmão. Só Deus pode julgar

3 Quando liberado do corpo, pelo sono físico, o espírito goza relativa liberdade no mundo espiritual, podendo deslocar-se a distâncias e mesmo entrar em relação com os desencarnados. A diferença entre eles, nesse caso, é que o espírito encarnado continua ligado ao corpo físico, o que se vê pelo cordão fluídico. (N.R.)

nossos atos, porque só Ele pode penetrar as regiões indevassáveis do nosso ser – ponderou a benfeitora, dando a entrevista por encerrada.

Ana não poderia aceitar as lições recebidas na Mansão da Paz. E como ela continuasse apegada às coisas da Terra e determinada a vingar-se de Olga, os instrutores decidiram promover o seu retorno à carne.

Olga, por sua vez, viveria ainda por mais 30 anos, terminando seus dias com larga ficha de serviços aos enfermos. Não se casara, mesmo tendo sido pretendida por Otávio, o jovem frequentador da casa onde a mãe fora governanta. O serviço humanitário prestado lhe daria muitos créditos morais, para que pudesse então fazer suas próprias escolhas para seu crescimento espiritual.

E foi assim que, acolhida na mesma Mansão da Paz, Olga soube do quanto ainda deveria trabalhar para reconquistar a própria paz de espírito e o perdão de Ana, cujo ódio recrudescera na última existência.

– Olga! Seu pedido foi considerado. E breve

estará de volta ao palco de lutas terrenas, renascendo como filha de Ana. Os espíritos superiores autorizam a sua volta, visando assim uni-las novamente pelos laços do amor. Mas outra vez estará sob injunções de uma lei inexorável, a lei de causa e efeito. Ainda pesa sobre você o crime perpetrado em passado ainda mais remoto.

- Sim. Eu sei! E só Deus sabe o quanto sofro por isso - ponderou Olga. - E rogo a Deus que me dê oportunidade de resgatar minha falta. Que seja o quanto antes!

- É provável que estas marcas agora ressurjam no corpo físico que receberá em sua nova existência.

- Sim. Estou ciente. Mas por que não pude resgatar antes? Por que não expiei minhas faltas na última existência?

- Deus usa de misericórdia sempre. Para que bem aproveitemos as nossas provas, o Criador espera que a experiência seja útil não apenas para quem errou, mas também para aqueles que estão envolvidos na mesma ação, a fim de que todos possam resgatar juntos. Nem sempre estamos prontos para aceitar os resgates mais dolorosos. E quando não estamos suficientemente preparados, podemos sucumbir outra vez e perder a oportunidade da prova.

Olga suspirou resignada, aceitando as judiciosas considerações da benfeitora. O desejo de retornar à Terra, em nova experiência, seria avaliado pelos espíritos superiores da Mansão.

Enquanto isso, Ana Maria já estava respirando os ares do mundo físico, agora sob o nome de Tereza Gáspari.

Capítulo IV

Renascimento

A reencarnação de Tereza seria abençoada oportunidade de aprender a lidar com as privações de uma vida modesta, bem diferente do que fora sua existência anterior. A oficina e o buril das provas terrenas, onde seriam desbastadas as arestas do seu orgulho ao mesmo tempo em que poderia conquistar a virtude dos humildes.

As circunstâncias da nova existência, cercada de espíritos mais evoluídos e que lhe devotam carinho e afeição, davam esperanças de que, nesta nova incursão no mundo físico, pudessem fazê-la perdoar a antiga rival, Olga, que viria agora na condição de filha.

Renascendo no Brasil, em cidade interiorana paulista, mostrava uma timidez exagerada. Tereza Gáspari crescia cercada de muito afeto dos familiares, que, ainda que fossem pessoas decentes e honradas, apenas cumpriam os cultos religiosos, como tradição.

Única mulher entre dois irmãos mais velhos, quando criança se sentia muito só, preferindo isolar-se para brincar apenas com suas bonecas. Por conta da sua timidez, mesmo na idade escolar, não conseguira amealhar muitas amizades. Apesar de ser boa aluna, isolava-se das colegas, que a consideravam antipática. Assim, não participava das brincadeiras na hora do recreio. Tinha pendor para a música, mas nunca pudera ter um piano dentro de casa.

Chegando à juventude, despertou a admiração dos jovens, que se encantavam com a sua beleza natural. Mas, ainda muito tímida, embora vaidosa e orgulhosa, Tereza afastava-se, envergonhada, dos jovens que lhe fizessem algum galanteio.

Porém, ao completar 18 anos, sua mãe, preocupada com o comportamento retraído da filha, procurou incentivá-la a mudar suas atitudes, dizendo-lhe:

- Desse jeito, Tereza, vai ficar para titia. Você é tão bonita! Não acha que já está na hora de arrumar um namorado? Mas não dá chances para ninguém!

- Não é bem assim, mamãe. Ainda não encontrei quem realmente possa me interessar. O meu coração não bate mais forte por ninguém. Mas, não se preocupe... Um dia o meu príncipe encantado vai aparecer. O que vai ser meu, isso está reservado. Pode ter certeza disso.

Mas, aos 20 anos, esforçando-se por melhorar o próprio comportamento e superar as suas inibições, encontrou o seu verdadeiro amor: Felipe Fontanini, um rapaz de 23 anos, de boa aparência, educado, de boa formação moral, e que soube respeitá-la sem nenhuma crítica ou cobrança.

Aos poucos, Tereza foi vencendo a timidez, para poder aceitar as leves carícias recebidas, até chegar ao primeiro beijo. Embora muito vigiada pelos pais e também pelos irmãos, em vista da sua ingenuidade, Tereza foi consolidando o seu namoro com Felipe.

Como esse rapaz já havia conseguido um bom emprego, em menos de um ano chegaram ao noivado, para um futuro casamento, que esperavam realizar no decorrer do ano seguinte. Assim, haveria tempo suficiente para Tereza e sua mãe cuidarem do enxoval e de todos os preparativos.

O enlace matrimonial deu-se no fim de uma tarde de verão, numa igreja próxima ao bairro onde residiam e que foi toda ornamentada com belíssimas flores naturais. Linda, em seu vestido branco, com o véu esvoaçante, recebeu elogios dos amigos e parentes que estiveram na cerimônia religiosa e também na recepção realizada na própria residência de seus pais, como era costume à época, principalmente, nas cidades do interior.

Tereza sentia-se radiante de felicidade. Mas, seria realmente um casamento feliz? Só o tempo diria...

Após a viagem de núpcias, passada numa

cidade litorânea, Tereza e Felipe foram residir numa casa alugada, mas bem confortável e localizada não muito distante da residência de seus pais, como queria Tereza. Foram seus genitores, aliás, que ornamentaram a casa, com muitas flores, para receber o casal.

Assim, a vida de Tereza e Felipe prosseguia na normalidade. Ele, esforçando-se no trabalho, e ela a cuidar da casa com esmero, tudo fazendo para que o marido pudesse sentir-se feliz. Um amor profundo os unia.

Com o tempo, porém, dificuldades financeiras foram surgindo, como na vida de muitos casais, mas que foram superadas com esforço e boa vontade.

Muito dedicado ao trabalho, Felipe caiu nas graças do patrão, que via para ele um futuro promissor. Assim, em breve tempo, Felipe foi promovido, chegando ao cargo de gerente, o que muito envaideceu Tereza, pelo fato de conseguirem melhorar de vida e, logo, poderem adquirir a casa própria dos seus sonhos de família.

Após dois anos de casados, nascia o primeiro

filho do casal: André, um lindo menino de pele amorenada e cabelos negros. Era o orgulho da avó. Dois anos e meio depois, chegava Renata, uma menina de olhos claros e cabelos loiros, como os da mãe.

Como a vida transcorresse estável, o casal não pretendia ter mais filhos. Entretanto, após quase dez anos, Tereza percebeu que estava grávida novamente. Inconformada, chegou a pensar em praticar o aborto, mas Felipe foi totalmente contra.

- Não, Tereza. Praticando o aborto estará assassinando o nosso filho. Já pensou se tivesse interrompido a gestação do André ou da Renata?

- Deus me livre! Não gosto nem de pensar numa coisa dessas. Eu amo muito esses dois! E vou amar Isabela também...

-Isabela? Ainda nem sabe se será menino ou menina!

- Tenho certeza de que será uma menina. Não sei dizer por que estou tão certa disso. Mas sinto que será menina.

- Mães têm mesmo percepções interessantes...

E assim, a gravidez de Tereza prosseguiu sem intercorrências mais sérias, embora o médico já tivesse alertado sobre a possibilidade de algum problema com a criança.

À época, a medicina não dispunha dos recursos do ultrassom e outros exames que permitissem antever alguma malformação no feto, de modo que Felipe e Tereza aguardavam a vinda de Isabela sem outras preocupações. Confiavam em Deus e, segundo acreditavam, pessoas sadias como eles não poderiam gerar filhos imperfeitos, o que atestava ignorância sobre muitas coisas e também sobre a Justiça Divina[4].

Enquanto isso, Tereza foi preparando o enxoval do bebê com muito carinho. Embora ainda não soubesse, com exatidão, o sexo verdadeiro da criança, sabia, intuitivamente, que viria uma menina. E, por isso, todo o enxoval da criança era voltado para o sexo feminino.

Tudo parecia correr bem com o bebê e até

4 A lei de causa e efeito, conforme ensina o espiritismo, cumpre-se de forma inexorável. E o erro praticado terá de ser reparado, se não na mesma existência, mas com certeza numa outra reencarnação. Ou seja, cada qual colhe de acordo com o que semeou. (N.R.)

mesmo a gestação de Tereza foi dentro da normalidade. Era só aguardar o nascimento da criança. E a felicidade que prometia, haveria de reinar naquele lar.

Porém, tudo obedece aos princípios das leis divinas, que são baseadas na justiça, no amor e na caridade. A cada mês que completava em contagem regressiva, a ansiedade aumentava, enquanto aguardavam o nascimento tão esperado!

Completados os nove meses de gestação, num parto normal, finalmente nasceu Isabela. Para a tristeza de todos, porém, a criança portava a síndrome de *Down*[5]. E foi aí que começou o calvário de Tereza.

---

5 Síndrome ou alteração genética descrita pelo médico inglês John Langdon *Down*, em 1866. Caracteriza-se pela presença de um cromossomo extra no par 21. Isto é, o portador dessa síndrome apresenta em boa parte das células 47 cromossomos, em vez de 46. (N.R.)

Capítulo V

Isabela

Os olhinhos amendoados da pequena Isabela não davam margem a dúvidas. A menina nascera com os sinais da síndrome de *Down*. Tereza não se conformava:

– Estão enganados! Esta não é a minha filha. Deve ter sido trocada. Alguma enfermeira ambiciosa deve ter feito a troca, provavelmente, por dinheiro.

– Não diga uma coisa dessas! É a nossa filhinha mesmo, e devemos aceitar a vontade de Deus e amá-la muito, muito mesmo! – falou Felipe, o pai.

– Ame você, se quiser! Eu a rejeito. Essa criança não pode ser a minha Belinha, como eu já estava acostumada a chamá-la! Por que essa aparência diferente dos meus outros filhos, que são tão lindos e perfeitos? Que Deus é esse que castiga as pessoas, mesmo sem merecer? Ele é pai ou é carrasco?

Mergulhando a cabeça no travesseiro, pôs-se a gritar em desespero:

- Não, não é. Esta não é a minha filha! Tragam a minha filha verdadeira!

Por mais que Felipe tentasse acalmá-la, não conseguia. Embora também inconformados, nem mesmo seus pais conseguiam fazer com que Tereza se acalmasse. Foi até necessário que, por ordem médica, uma das enfermeiras lhe aplicasse uma injeção, para que pudesse se acalmar e, possivelmente, adormecer.

Assim, por algumas horas, Tereza dormiu. E, durante o desdobramento pelo sono[6], foi conduzida à Mansão da Paz, por um espírito amigo, que não se identificou a princípio, que a fez recordar o compromisso assumido em receber, como filha, um espírito com quem tinha uma dívida a ser resgatada.

---

6 Emancipação da alma, pelo sono. Por isso, costuma-se dizer que uma boa noite de sono é sempre boa conselheira. Mas nem sempre recebemos de bom grado os conselhos dos amigos espirituais. (N.R.)

Entretanto, ao despertar, somente no amanhecer do dia seguinte, não mais se lembrou do sonho. Teve apenas uma leve sensação de que lhe disseram alguma coisa sobre compromisso, mas achou que devia ser somente um sonho, sem nenhuma importância.

Quando lhe trouxeram a menina para ser amamentada pela primeira vez, nem assim se lembrou do compromisso assumido na espiritualidade e se recusou a oferecer o seio à recém-nascida, apesar de já sentir as mamas intumescidas.

Nem mesmo a pediatra que dava assistência à criança, apesar de insistir com Tereza, conseguiu convencê-la a praticar esse ato de amor, que é sempre uma grande emoção para todas as mães. Assim, outras providências precisaram ser tomadas.

Também uma psicóloga ia diariamente ao quarto de Tereza para tentar convencê-la a aceitar a própria filha, mas sem obter nenhum resultado positivo. Tereza estava irredutível na sua decisão.

Após o tempo necessário de permanência na maternidade, Tereza teve alta. Então, voltando-se para o esposo, disse:

- Não vou levar essa criança comigo. Vou deixá-la aqui mesmo, para quem quiser adotar. Já decidi!

Felipe, porém, foi categórico e nem quis pensar em adoção:

- De jeito nenhum! Se você não quer nossa filha, eu quero. É minha filha também e vou levá-la comigo, nem que seja preciso lhe dar mamadeira e contratar alguém para cuidar dela.

Assim, constatando a condição física da criança, mesmo com Tereza contrariada, o casal e a menina foram para casa, acompanhados por uma enfermeira, que daria a Felipe as instruções necessárias de como cuidar da criança.

Chegando, Felipe levou Isabela para o quarto que a mãe já havia preparado com tanto capricho, e Tereza foi conduzida ao próprio quarto do casal.

Muito decepcionado com a esposa, Felipe logo tomou providências para contratar uma babá, que lhe fora indicada pela própria enfermeira. E, naquela noite, improvisou um jeito de ficar no quarto da criança, que dormiu como um anjinho, não lhe dando o menor trabalho. Certamente, os bons espíritos estiveram velando para que Isabela não lhe trouxesse mais preocupações, até que a babá assumisse o emprego.

Durante alguns dias, muito magoado, Felipe ficou afastado de Tereza, não a procurando, nem mesmo para conversar ou perguntar se precisava de alguma coisa.

Os outros filhos, penalizados com o pai, não conseguiam entender a reação da mãe. Como também fossem crianças, embora maiores, apenas olhavam a irmãzinha com certa curiosidade.

E o tempo foi passando, sem que Tereza mudasse a sua atitude. Sempre distante da menina, nunca se interessava pelo que estivesse acontecendo com ela. Ignorava a filha, completamente!

Talvez instigados pela mãe, André e Renata também não lhe davam muita atenção, e a menina foi crescendo, tendo, como mãe substituta, a babá Janaína, que todos preferiam chamar por

Jane. André, um pouco mais carinhoso que Renata, penalizado com o sofrimento do pai, nunca se recusava quando Isabela queria brincar com ele.

Contudo, era sempre Felipe quem levava a filha à pediatra que acompanhava o seu desenvolvimento; foi ele quem ensinou a menina a dar os primeiros passos; foi para ele que ela deu o primeiro sorriso e pronunciou a primeira palavra, chamando-o "papá". Na falta do carinho da mãe, Felipe se esmerava em cuidados para com a criança e lhe dedicava tanto amor, que deixava Tereza ainda mais revoltada!

- Não sei por que tanta preocupação com uma criança que nunca foi nossa filha! - falava Tereza, para si mesma.

Apesar de tudo, Belinha a todos encantava com sua meiguice. Já Tereza, por sentir vergonha da filha, evitava que ela saísse de casa, até mesmo para passear com o pai, que raramente tinha tempo para isso por conta do seu trabalho como representante comercial de uma empresa, o que o obrigava a viajar seguidas vezes. Tereza só era vista ao lado da filha caçula em situações muito raras. Tanto que por muitas vezes a babá Jane fora tomada como mãe da menina.

Mesmo mais tarde, Isabela, já em idade escolar, estudava apenas em casa, com um professor especializado que foi contratado pelo pai para lhe dar aulas particulares, sem que a menina precisasse ir à escola pública ou escola especial. Mas foi por insistência do marido que Tereza consentiu que Isabela fosse às aulas de natação, onde também fazia exercícios físicos, para desenvolvimento da coordenação físico-motora.

Tereza também já apelava para os calmantes e soníferos, sem mudar seu comportamento com relação a Isabela. E por isso, fora convencida a fazer algumas sessões com uma terapeuta amiga da família. Ester, a psicóloga, visitava a paciente duas vezes por semana, mas sem nenhum resultado efetivo.

Foi então que Ester decidiu propor à família que se tentasse outra terapia, que unisse ao mesmo tempo tratamento psicológico e espiritual.

- Somos todos espíritos vivendo uma experiência no corpo. Daí a importância de tratar do corpo e da alma - falava Ester, denotando sua formação espiritualista. Sugeriu então que Tereza fosse ao seu consultório, onde adotaria outras condutas terapêuticas da chamada psicologia transpessoal[7].

André, o filho mais velho, tentou ser mais explícito:

- Minha namorada, Marilda, frequenta o Centro Espírita Amor e Luz... E já conversamos sobre a hipótese de levar a mamãe para ouvir uma palestra.

- Eu conheço os seus dirigentes. E, quando a agenda de consultas me permite, tenho participado de algumas atividades. Com certeza os passes e as irradiações, ainda que ministrados a distância, farão bem a Tereza, bem como a todos os membros da família.

- Não duvido - respondeu Felipe. - Embora não partilhe a mesma crença, acredito que toda ajuda é sempre bem-vinda.

7 Jung, considerado pai da psicologia analítica, abriu o caminho para a psicologia transpessoal, na década de 60, com Abraham Maslow, Rogers e outros terapeutas, que se apoiam no pressuposto de que as teorias clássicas não poderiam explicar a variada gama de estados de consciência e diversidade de fenômenos verificados na psique humana.

Mas Tereza parecia uma rocha, refratária às vibrações amorosas que recebia. E ainda culpava Felipe pela decisão de não haver abortado a sua terceira gestação. Não percebia que, quanto mais se revoltava, mais espíritos com mentes doentias, sintonizando-se na mesma frequência, eram atraídos para junto dela, causando-lhe ainda mais desespero e revolta.

Se tivesse parado para pensar nas próprias atitudes, talvez pudesse compreender que aquela dor era o processo educativo de que necessitava para voltar-se para Deus, resignar-se diante de Suas leis soberanas, e aprender a amar.

Mas não! Naquele momento Tereza estava cega dentro da sua revolta e nada via além da própria dor. Enquanto isso, à sua volta, irmãos dementados gargalhavam... Era justamente o que alguns espíritos voltados para o mal estavam querendo: desestabilizar a vida daquela família. Um deles parecia fruir aqueles momentos com um prazer maior. Silas! O antigo pretendente de Ana e cujo amor não fora correspondido.

Capítulo VI

Terapia de Vidas Passadas

O tempo passou, e Isabela já se aproximava dos 10 anos de idade, embora aparentasse bem menos, não apenas pelo físico, mas, principalmente pelas atitudes. André e Renata, em plena juventude, iniciavam o ensino superior. Ele, fazendo arquitetura; ela, o curso de letras.

Foi num baile do clube que André conheceu uma jovem, por quem logo se apaixonou. Marilda era uma bela moça, alta, de uma educação primorosa. Cursava então a faculdade de psicologia, no seu primeiro ano. Formavam um lindo casal.

Um dia, André levou Marilda para apresentá-la aos seus pais, sem, contudo, ter-lhe falado da irmãzinha Isabela, que não estava naquele momento. Embora um pouco enciumada, Tereza gostou de Marilda; achou-a simpática e gentil.

Numa outra ocasião, já mais informada sobre Isabela, Marilda quis conhecê-la. Mas Tereza evitava o assunto.

- André contou-me que tem uma irmã mais nova...

- Sim... Renata é a filha do meio. Está cursando letras... Você deve tê-la visto na faculdade. É parecida comigo... Isabela é a caçula.

Marilda percebeu que a rejeição não se limitava ao fato de a filha apresentar uma anomalia genética[8]. Quantas mães não transformaram esse tipo de prova em abençoada experiência de crescimento espiritual? "No caso de Tereza, a enfermidade de Isabela era um golpe no seu orgulho e também o reencontro com velho desafeto. Aceitá-la como filha era a prova mais difícil, ainda que tivesse vindo num corpo perfeito. Por que então a síndrome? Por que a Providência Divina teria lhe dado uma carga tão pesada?", questionava.

---

8 Como já foi dito, a síndrome de *Down* caracteriza-se por uma alteração na distribuição cromossômica nas células do indivíduo. Em vez de 46, o portador da SD apresenta 47 cromossomas.

Evitando constrangimentos, Marilda não insistiu nas perguntas, embora percebesse o descontrole emocional que já tomava a sua interlocutora. Com certeza, aquele era um caso complexo, que só poderia ser compreendido à luz do conhecimento espírita.

- Esta é Isabela! - falou André, trazendo a garotinha pela mão.

- Como vai, Isabela? - saudou Marilda, mostrando simpatia.

- Você é mm... muito bonita! - exclamou Belinha, denunciando as dificuldades na fala.

Jane, a babá, aproximou-se, timidamente.

- Esta é Janaína - acrescentou André, apresentando a moça.

Jane sorriu, enquanto ajeitava os cabelos de Isabela. Então, pediu que ela se despedisse.

- Vem, Belinha. Está na hora do lanche. Vem comigo!

- Tch... Tchau... - acenou a menina, levando a mão aos lábios, como se mandasse beijinhos.

Os olhos de André marejaram.

Marilda, então, lembrou que estava se atrasando.

- Vamos, meu bem! - não posso perder a aula do professor Mário. É uma das minhas preferidas.

No carro, o jovem falou, mostrando mágoa.

- Desculpe o mau jeito. Mamãe é uma pessoa doente dos nervos. É de causar pena! - desabafou o rapaz.

Marilda apenas sorriu.

- Você prometeu que um dia a levaria ao Ce-Luz... A doutora Ester até recomendou que ela começasse um tratamento.

- Estamos pensando nisso. Ester também propôs algumas regressões de memória.

À noite, já em casa, comentou com a mãe o que vira na casa do namorado.

- Por que uma prova tão difícil? Não seria mais proveitoso para essa criança que resgatasse suas provas em doses homeopáticas?

Glória riu do jeito da filha e tentou consolá-la.

- Deus sabe o que faz... Se Isabela viesse num corpo perfeito, talvez estivesse adiando a prova para outra reencarnação. Mesmo não tendo o afeto da mãe, a menina é amada por todos os outros membros da família. E será amada por nós também.

- Mas de um modo ou de outro, Isabela está sofrendo. Tereza gaba-se muito da beleza de Renata, a sua segunda filha. E tem verdadeiro xodó em relação a André. Mas não aceita a filha caçula. André me disse que, desde o nascimento da sua irmãzinha, a mãe tornou-se amarga e revoltada. E parece ter perdido a fé também.

- E quem perde a fé, perde tudo. Vamos colocar o nome de Tereza nas nossas vibrações a distância e também nas reuniões mediúnicas. Enfermidades congênitas, como a síndrome de *Down*, estão associadas a problemas genéticos. Isso pode ser explicado à luz do espiritismo...

- Soube que a doutora Ester pretende submeter Tereza a uma regressão de memória. Mas o professor Mário, numa palestra sobre Terapia de Vidas Passadas, destacou que a TVP não é uma garantia de cura.

- É um recurso terapêutico. Poderá contribuir para a cura. Mas a melhor terapia que se conhece é a da prática do bem, do exercício da caridade e do perdão. Pelo autoconhecimento, sondando as próprias inclinações, cada um poderá ter uma ideia, ainda que vaga, dos pontos fracos e tendências que carrega. Por isso mesmo, esse esquecimento a cada vez que retornamos à carne, mesmo que temporário, é um recurso providencial da sabedoria divina. Do contrário, teríamos sérios constrangimentos. Imagine o quanto nos custaria saber que fomos responsáveis por injustiças contra irmãos nossos!

- Mas há casos de crianças que se recordam da existência anterior. Ou mostram habilidades que não foram adquiridas na vida presente... - argumentou Marilda.

- Sim. E se isso ocorre tem um propósito útil. Despertar a humanidade para a realidade do Espírito. Mas mesmo nesses casos, as lembranças vão se apagando, à medida que o ser vai assumindo a personalidade da existência atual.[9]

- Mas então o que a senhora aconselharia?

- A vida nos oferece recursos, e será justo

---

9 A TVP não é uma prática espírita, assim como também a cristaloterapia, o uso de florais e mesmo a acupuntura ou a homeopatia. Não obstante, essas terapias, ditas alternativas, ganham cada vez mais aceitação da ciência. A doutrina espírita considera que o esquecimento das vidas anteriores é um gesto providencial da bondade de Deus. Ainda assim, há casos de crianças que se recordam de vida ou vidas anteriores. E se Deus o permite é que existe para isso um propósito útil. (N.R.).

apelar à medicina e à ciência, a fim de encontrar paz e bem-estar. Entretanto, amar é a grande terapia. Não precisamos investigar o passado para compreender que somos todos devedores da lei divina. E se sondarmos as próprias inclinações no presente, com isenção e sinceridade, poderemos identificar os tipos de fraquezas que foram motivo de nossa queda no passado.

***

FELIPE, O ESPOSO, PROCUROU a doutora Ester, para saber mais sobre o tratamento do qual André e Marilda haviam lhe falado. O fato de Ester ser uma pessoa de confiança pesou favoravelmente. Além do mais, ela já vinha sendo a terapeuta de Tereza desde o nascimento de Isabela.

- Será uma experiência valiosa para mim, como profissional, porque estou me especializando nessa linha, a psicologia transpessoal, que tem na Terapia de Vidas Passadas um dos seus instrumentos terapêuticos. Acabo de retornar de um congresso sobre o assunto e muito me agradaria poder ajudar Tereza, desta vez com outros recursos. Veremos, primeiramente, se ela aceita submeter-se às regressões.

- Há garantia de cura, doutora?

- Não. A simples revelação do passado não significará, por si só, a cura. Mas poderá explicar ocorrências dos fenômenos conhecidos por *déjà vu*[10], algumas fobias e mesmo alguns sentimentos de revolta e angústia, dos quais não conseguimos identificar a origem.

- Se Tereza descobrir que foi plebeia, tudo bem. Mas se souber que foi nobre, talvez fique ainda mais orgulhosa! - brincou Felipe, mostrando senso de humor.

---

10 *Déjà vu* é o nome que os estudiosos da psique dão ao fenômeno, segundo o qual, a pessoa reconhece um lugar ou um objeto, como se já os tivesse visto antes, mesmo estando diante deles pela primeira vez. (N.R.)

Capítulo VII

Mergulhando no passado

Quase dois meses haviam se passado e, como o quadro de Tereza não melhorasse, Ester informou à família que daria início às regressões, mas essas sessões seriam no seu consultório.

Tomada pela curiosidade, Tereza não se opôs a fazer a terapia, mesmo não crendo na multiplicidade das existências. Mas essa não era uma condição indispensável para o êxito da terapêutica. O importante era fazer com que emergissem do seu inconsciente aqueles conteúdos que precisavam ser "resolvidos" do ponto de vista psicológico.

No dia aprazado, Tereza chegou ao consultório de Ester, embora um pouco trêmula, por conta da ansiedade que sentia. Adentrando a sala de consultas, ficou admirada pela beleza e ordem. Tudo ali estava organizado, proporcionando indizível bem-estar. Até o ar do ambiente era diferente, rescendendo um aroma delicioso, sem que Tereza conseguisse identificar qual essência.

Ester recebeu Tereza com um sorriso:

- Que bom que você veio, Tereza! Está pronta para saber do seu passado?

- Acho que sim. Pelo menos, quero tentar. Quem sabe, talvez eu possa encontrar alguma explicação que me leve a entender o porquê disso tudo que aconteceu na minha vida.

Após algumas palavras de encorajamento, antes de iniciar a terapia, Ester fez com que Tereza se acomodasse numa poltrona reclinável, de couro branco, muito confortável. Em seguida, explicou à paciente como tudo seria feito. Ligou o aparelho de som, fazendo soar suave melodia. Pediu que fechasse os olhos e se deixasse embalar pela música, sem pensar em outra coisa.

Enquanto isso, usando de técnicas específicas de hipnose, iniciou processo de indução, levando Tereza a um relaxamento profundo. E, numa contagem regressiva, fez com que Tereza recuasse num determinado ponto do seu passado, que parecia reportar-se à sua juventude. Recuou um pouco mais e então a paciente estava agora recordando a própria infância. Ao mesmo tempo, Ester, com voz pausada, evocava-lhe as lembranças, e Tereza ia relatando, devagar, os acontecimentos que passavam na sua mente.

Lembrou-se do dia em que, caminhando até a casa da vovó, sentou-se à sombra de uma árvore, num terreno baldio, para descansar um pouco e, como estava calçando chinelos, foi picada num dos pés por um inseto desconhecido.

Gritando de dor, com o pé já ficando avermelhado e inchado, apoiou-se no irmão mais velho, que a acompanhava, e conseguiu, com esforço, chegar até a casa da avó. Esta logo providenciou cataplasma de farinha de mandioca, bem quentinho, para aliviar a dor e desinflamar a ferida, tratamento esse muito usado antigamente. Naquele momento, ao relembrar, Tereza se queixou de muita dor no mesmo pé, como se estivesse revivendo aquele acontecimento.

Continuando a regressão, Tereza reviu uma nova passagem de sua vida de criança, quando ainda mais nova.

- Diga-me, Tereza... Quantos anos você tem?

- Eu vou fazer 5 anos.

- Você sabe quando?

- No dia 20 de maio.

- Então está perto. Vai haver festa?

- Acho que sim.

- Onde você se encontra neste momento?

- Eu estou no meu quarto.

- Você pode descrever o seu quarto para mim?

- Tem a minha cama, um guarda-roupa, uma penteadeira, uma banquetinha, uma prateleira onde coloco as minhas bonecas e uma cortina na janela.

- Você vê mais alguma coisa? Observe bem.

- Ah... Sim! Na parede tem um quadrinho com uma fotografia onde eu apareço comemorando o primeiro ano de vida. Meu quarto é todo cor-de-rosa. E a cortina tem estampas de flores miudinhas.

- E você, como está vestida?

- Estou com um vestido azul claro, com gola e punhos brancos com bordados delicados. Estou calçando sapatinhos também azuis, mas as meias são na cor branca.

- O que você está fazendo agora? - perguntou Ester.

- Eu estou brincando com a minha boneca preferida.

- Como se chama a sua boneca?

- Belinha.

- É um nome bonito. Foi você que escolheu?

- Sim.

- Você está brincando sozinha?

- Estou.

- Por que seus irmãos não estão brincando com você?

- Eles não gostam de brincar com boneca.

- Ah... Entendo! Você sabe onde eles estão agora?

- Acho que foram jogar bola no campinho.

- E sua mãe... Ela está em casa?

- Não sei. Acho que ela foi conversar com a vizinha.

- E você ficou sozinha?

- Não. Meu pai está dormindo na rede.

- Você se lembra de algum acontecimento importante dessa época?

- Lembro do dia que caí do balanço na casa da vovó e fiquei machucada.

Lembrou-se, também, do dia em que, distraída, entrou por engano numa classe de alunos mais velhos e bem mais adiantados, pensando que era a classe do Jardim da Infância, que frequentava. E que os alunos riram dela.

Recordou, com amargura, quando um dos meninos gritou bem alto: "Ei! Sua pirralhinha! O que está fazendo aqui? Se você está querendo mamadeira, aqui não tem!" A lembrança doeu profundamente, fazendo soar outra vez, na acústica da alma, a gargalhada geral. Envergonhada, recolhera-se num canto e chorou muito. E desde aquele dia, não mais queria ir à escola.

Após estas lembranças, para que Tereza não se cansasse muito, Ester interrompeu a sessão e agendou outra, para a semana seguinte.

Capítulo VIII

Lembranças remotas

Tereza queria ir até onde pudesse. Preparou-se para a nova sessão psicoterápica e, no dia aprazado, compareceu ao consultório de Ester. A psicóloga já estava aguardando. Sem cerimônias, convidou-a para sentar-se na mesma poltrona que ocupara na sessão anterior.

Dessa vez, em contagem regressiva, Ester induziu Tereza a tentar alcançar um passado mais distante. Usando as mesmas técnicas de antes, a terapeuta fez com que Tereza se transportasse no tempo. Logo vieram os reflexos das lembranças que denunciavam fatos de uma encarnação anterior. À primeira vista, os acontecimentos rememorados não apresentavam, aparentemente, qualquer relação com sua vida atual.

A indução prosseguiu. E desta vez, Tereza recuou ainda mais no tempo. Suspirou profundamente e, em dado instante, sua fisionomia assumiu feição diferente, mudando a posição na poltrona, como se fora uma criança. Viu-se sentada no chão, a brincar com uma amiguinha.

- Qual é o seu nome? Consegue se lembrar? - Ester perguntou.

- Eu me chamo Ana Maria.

- E o nome da sua amiguinha? Você consegue saber qual é?

- O nome dela é Olga. Ela é filha da governanta.

- Então sua mãe tem uma governanta? Você se lembra do nome dela?

- Tem sim. Ela se chama Maria Rosa.

- Pela sua voz, percebo que você está triste. Sabe me dizer por quê?

- É que eu estava feliz, mostrando pra Olga a boneca de porcelana que o meu pai me trouxe do Japão.

- E não está mais feliz? O que aconteceu para você ficar triste?

- Olga era muito descuidada. Ela pediu pra segurar a minha boneca e eu não queria deixar. Mas a mamãe ficou me chamando de egoísta e eu acabei deixando que ela segurasse. Mas só por um pouquinho.

- E o que aconteceu?

- Eu não disse que ela era descuidada? Ela estava olhando a minha boneca, com inveja, e nisso, um passarinho entrou voando pela janela da sala. Olga ficou assustada e deixou a boneca cair, espatifando-se no chão.

- Brigou com Olga por isso?

- Fiquei com um ódio danado pelo que ela fez com a minha boneca. E disse que nunca mais ia falar com ela. E não falei mesmo!

- A vida toda?

- Sim, a vida toda.

- Mas vocês não eram amigas?

- Eu era, mas não sou mais.

- Só por causa de uma boneca?

- Mas essa boneca era especial. Foi presente do meu pai a quem eu amava.

- Amava? Não ama mais?

- É que ele morreu no ano passado. E eu sinto muita saudade dele.

- Morrer não é motivo para deixar de amar, não acha?

- É... Então eu ainda amo, mas a boneca fazia que eu me lembrasse dele.

Então, soluçando, revelou que a boneca fora um presente de aniversário, que o pai lhe dera. O pai havia morrido, tempo depois, por problemas no coração.

A terapeuta anotou então mais algumas informações, ao mesmo tempo em que mantinha o gravador ligado. Percebeu que havia um hiato naquelas lembranças... Nesse momento, Ester decidiu interromper a sessão, porque Tereza vivera intensa emoção, chorando muito. Despertou a paciente do transe hipnótico, procurando acalmá-la.

Depois, analisando as gravações em áudio, a psicóloga chegou à conclusão de que a boneca quebrada não era razão suficiente para explicar o conflito que a paciente enfrentava na atual existência. "Certamente não. Deve haver um motivo mais forte para que desenvolvesse o conflito atual" - raciocinava.

***

UM SIMPÓSIO NA CAPITAL paulista, sobre Terapia das Vidas Passadas, chamou a atenção de Ester, que decidiu inscrever-se no programa. Assim, teria de cancelar duas sessões de Tereza.

Quando a assistente Iraci comunicou que a doutora estaria viajando, e que por isso teria de cancelar a próxima sessão, Tereza sentiu-se abandonada. Enquanto mexia no seu guarda-roupa, começou a avaliar se aquelas sessões estavam, de fato, fazendo algum bem a ela.

No final do dia, confessou aos filhos que estava disposta a encerrar o tratamento, mas nenhum deles aprovou a ideia. Ao contrário, Renata e André incentivaram a continuar com as sessões, porque percebiam melhoras significativas no seu comportamento, principalmente com relação a Isabela.

- Mamãe... A senhora está fazendo autoconhecimento. E isso há de lhe fazer bem, conquanto não vá muito depressa... - falou Renata, tentando convencer a mãe.

- Não seria melhor que tudo ficasse adormecido para sempre? Após cada terapia, eu preciso de um lençol para enxugar tantas lágrimas! Vamos ver aonde isso vai levar...

***

Na agenda da terapeuta, nova sessão com Tereza G. Fontanini estava marcada. E a paciente já esperava na sala de recepção, acompanhada do filho André e sua namorada, Marilda. A terapeuta foi cumprimentar o trio, recomendando que os acompanhantes aguardassem em outra sala.

- Que bom te ver, Tereza... Vamos viajar mais um pouco ao passado?

Iniciada a sessão, Ester procurou fazer com que Tereza regredisse a uma encarnação anterior à do incidente da boneca quebrada. E, assim, em contagem regressiva, foi induzindo Tereza a revelar o que via:

- Diga-me, Tereza. O que vê neste momento?

- Vejo uma aldeia indígena. Eu estou lá. Sou

uma índia muito bonita e, por minha beleza, sou muito assediada pelos homens da minha tribo.

- Algum fato importante que queira me contar?

- Eu tinha uma filhinha de 2 anos, mas não tenho mais.

- O que aconteceu com ela?

- Morreu!

- Sabe por quê?

- Foi assassinada.

- Você descobriu quem foi?

- Não imediatamente. Mas depois soube que fora assassinada por outra índia.

- Por quê?

- Ela roubou Ynaí e a escondeu na mata.

- Por quê?

- Porque soube que o pai da criança era Yebá, príncipe da tribo. Por vingança, descarregou seu ódio sobre minha menina. Ynaí foi jogada num poço...

- E qual foi a sua reação?

- Senti raiva. E quis matá-la também. Mas o pai da minha filha encarregou-se disso.

Ao sentir em si a força daquele ódio, Tereza despertou assustada. Não chorou, mas estava muito chocada. Ester então deu a sessão por encerrada, conduzindo a paciente para o seu gabinete, em sala contígua. André veio receber a mãe, acompanhado da namorada.

O grupo despediu-se, e Ester, de volta ao consultório, raciocinava. O rancor de Tereza com relação à filha caçula tinha raízes no passado distante. Uma antiga herança, que só o perdão poderia desfazer. As revelações daquela tarde permitiam associar duas personalidades ao mesmo espírito. A índia descrita por Tereza, como sendo ela mesma, reencarnara como Ana Maria. Olga, a coleguinha filha da governanta e que deixara cair a boneca de porcelana, era também a mesma rival do passado!

Capítulo IX

Sonho

Aquela semana transcorrera calma. Tereza mostrou interesse na mensagem que trouxera do consultório, passando os olhos por várias vezes. O folheto era usado como marca-páginas no livro que tirara por empréstimo na última visita ao Centro. Esforçou-se, tentando ser mais amável com a filha caçula, ajudando-a nas refeições, fato que foi reparado pelos demais membros da família e também por Jane. Alguma coisa diferente se passava no seu íntimo.

Na manhã de quarta-feira, Tereza despertou sob forte emoção. Sabia que fora mais do que uma experiência onírica[11]. Seria algum pressá-

11 Os sonhos fisiológicos diferem dos sonhos espíritas, isto é, aqueles que traduzem experiências vividas pelo espírito no estado de emancipação, durante o sono físico. (N.R.)

gio com relação à sessão psicoterápica de logo mais à tarde? Primeira reação foi olhar para a mão direita. Sentiu-se aliviada, ao ver que era perfeita.

Que sonho! Via-se ao piano, tocando para uma grande plateia. Os trajes dos convidados faziam lembrar o Brasil Imperial. Homens usando fraque e cartola, fumando charutos... As mulheres, com vestidos engomados até os calcanhares. Carruagens cruzavam as ruas de paralelepípedos, iluminadas por lampiões a querosene.

Por toda a manhã, as imagens do sonho surgiam à mente, seguidamente. Tereza comentou com a família, quando eles se sentavam à mesa para o almoço.

- Não sei que sonho foi esse. Impressionante! Vi-me num recital de piano, carruagem, cavalos! Depois, fomos visitar alguém no hospital. Mas a enfermeira era Isabela! Coisas muito confusas...

Jane ouvia com interesse, enquanto penteava os cabelos da menina. Esta, distraída, arrumava o seu estojo de lápis de cor. Mas, num repente, Isabela exclamou:

- Mmm... Mamã! Mamã machucou! Mmm... Mamã foi pro hos... Hospital.

Tereza encarou a filha, perplexa. A cena do sonho voltou nítida diante da sua visão. E desta vez recordou também que era ela mesma, Tereza, quem aparecia no sonho, com a mão enfaixada.

- Vamos, Belinha? Está na hora da sua aula de natação - falou Jane, levando a menina para despedir-se da mãe.

Tereza retribuiu o beijo da filha, meio tímida, tentando disfarçar os sentimentos que lhe dominavam.

- Vá com Deus, minha filha! - exclamou, com um leve sorriso.

Tereza parecia mesmo impressionada com o sonho. No carro, a caminho do consultório da doutora Ester, continuou relatando tudo quanto se lembrava ao esposo, Felipe. Quando se aproximavam da clínica, Tereza, num ímpeto, pediu que o esposo a levasse de volta.

- Não quero ir. Tenho a sensação de que algo muito ruim vai acontecer!

- Meu bem... Nada vai acontecer dentro do consultório. São apenas lembranças. Nós estaremos lá para te proteger... Ester sabe o que está fazendo. Ela é uma excelente especialista em regressões. Contou-me que esta sessão vai libertá-la do grave bloqueio que te faz rejeitar nossa filha mais nova...

- Mas estou com medo, Felipe. Estou com muito medo.

Felipe continuou o trajeto até a clínica. E Tereza tentava conter as lágrimas. Sabendo do estado da paciente, Ester procurou adiantar o horário da sessão, orientando a assistente para levá-la diretamente à sala de regressão.

Em poucos instantes, o automóvel estacionava no subsolo do Edifício Veneza. Iraci veio encontrá-los à porta do elevador.

- Venha, dona Tereza! A doutora já está te esperando...

Ester iniciou então o processo de indução. Queria levar sua paciente a um relaxamento ainda mais profundo, fazendo com que Tereza avançasse para um tempo posterior, mas ainda da mesma encarnação em que ambas se separaram.

Assim, aos poucos, Tereza foi entrando num sono hipnótico. Subitamente, começou a solfejar, com uma das mãos, como se lesse compassos numa partitura musical.

- Passemos de novo, do quinto compasso em diante. Outra vez!

Tereza incorporava agora a personalidade Ana Maria, da existência anterior. Parecia executar uma peça musical. Em dado momento, curvou a cabeça, agradecendo os aplausos.

- É um concerto? Você está tocando? - interrogou a terapeuta.

- Sim. Estou num recital... Sou pianista e também professora de piano.

- Quem está com você?

- Ora, esta é Virgínia, minha mãe. Estamos retornando para casa - falou a paciente.

- A carruagem está indo muito depressa. Silas! Pare os cavalos...

- Mamãe! Segure-se... Cuidado, mamãe! Oh! Deus!

Ester tentou tirá-la do desespero.

- Tereza, o que está vendo? Fale! O que está acontecendo agora?

- A roda se soltou! Mamãe!

Os lábios de Tereza tremem. É como se entrasse num estado febril.

- Onde está agora?

- No hospital. Minha mão! Não poderei mais tocar piano! Meu Deus! Não! - grita, irrompendo em doloroso pranto. - Doutor, salve minha mão! Eu voltarei a tocar piano, doutor?

Ester fazia anotações, sem perder um só detalhe. Mas não conseguia ver correlação daquele acidente com os conflitos da atual existência. Nesse instante, Tereza levantou a cabeça. Os olhos flamejantes traduziam ódio.

- Não me toque! Não quero esta enfermeira aqui... Lembra-se da minha boneca, mamãe? Foi ela... Olga! Eu não posso confiar nela...

Sob o impacto dessas emoções, Tereza despertou do transe hipnótico, ainda apoiando a mão direita no próprio peito, como se estivesse ferida. Ester queria continuar o processo regressivo, mas a paciente estava emocionalmente esgotada.

Ester, então, conduziu a paciente para a sala vizinha. E após serviu-lhe um copo d'água. Depois de refeita, Tereza teve um relato da doutora. Mas o orgulho de Tereza não lhe permitia ver as evidências. Para superar a rejeição a Isabela, teria de modificar a conduta e aprender a amá-la.

Mesmo já tendo feito regressão da memória, ainda não conseguia associar o desprezo que nutria pela filha caçula ao fato ocorrido no seu passado. Apenas sentia que a presença da menina causava-lhe repulsão. Tereza não conseguia compreender que essa provação seria o meio de se reconciliar com a própria consciência, se passasse a amar a filha que rejeitava.

Tereza ainda muito precisava aprender e, se não aprendesse por amor, certamente, aprenderia pela dor. E disso, a própria vida haveria de se encarregar.

Capítulo X

Convite

O namoro de André com Marilda estava se firmando cada vez mais, pois estava fundamentado num amor sincero e verdadeiro, com raízes em outras experiências no passado, quando haviam vivido outros relacionamentos, embora nem sempre felizes. Mas que haviam deixado lições positivas para ambos. E isso agora contribuía para que pudessem caminhar juntos, na busca de um crescimento interior.

Como era de se esperar, André trouxe, enfim, o convite de Marilda e seus futuros sogros, Nestor e Glória, para um almoço em sua casa.

– Já era hora de conhecer a família... Afinal, você tem morado mais com eles do que conosco... - falou Tereza, com uma dose de ciúme. - Algum motivo especial? - questionou.

- Apenas um encontro informal. Estamos namorando já há mais de um ano... E gostaria que conhecessem os pais de Marilda, que são muito simpáticos - falou o rapaz.

O almoço fora confirmado para o domingo. Porém, algo preocupava Tereza. Apresentaria a filha caçula? Não revelou nada ao esposo, mas nem precisou, porque Jane já tinha dois bilhetes para levar Isabela a um passeio naquele dia, quando visitariam uma exposição de animais.

No final da semana, Felipe estacionava o carro defronte a casa de Marilda. A moça, filha única, veio à porta, acompanhada de André, que já ajudava nos preparativos do almoço. Tereza entregou um vaso de flores à dona da casa, pois já sabia que Glória adorava plantas. As conversas iam animadas, sem que fosse preciso inventar algum assunto para "quebrar o gelo".

Marilda já mostrava os dotes culinários, servindo uns salgadinhos que ela mesma fizera. O piano no canto da sala dava a entender que a moça fosse executar algum número para os visitantes.

Renata, mais íntima da família, porque já estivera ali antes, com o irmão, procurava ajudar a cunhada na cozinha. Enquanto isso, Glória mostrava as dependências da casa e a oficina de Nestor, onde ele cultivava um velho *hobby:* consertar brinquedos velhos, embrulhá-los e, no Natal, presentear as crianças assistidas no CeLuz, a instituição da qual era um dos dirigentes.

Nestor fez questão de abrir um vinho português, justificando que a ocasião merecia um brinde especial. Enquanto enchia a taça para o futuro compadre, perguntou:

- André já esteve aqui com Renata. Mas ainda não conhecemos a filha caçula...

Tereza intercedeu logo:

- Isabela foi a uma exposição de animais. Está ansiosa para adotar um *pet.*

- Jane, a babá, está com ela - emendou Felipe, deixando a esposa bem contrariada.

Percebendo o constrangimento de Tereza, André interveio:

- Minha irmãzinha tem necessidades especiais. Tem 11 anos...

Sentindo-se humilhada, Tereza levantou-se, querendo retirar-se, mas André abraçou a mãe.

- Mamãe sofre muito com isso. E não pode controlar a emoção, quando falamos de Isabela...

Nestor percebeu o mal-estar que provocara.

- Perdoem, por favor, a indiscrição... Marilda sempre fala da menina com tanto carinho...

- O almoço está servido! - veio Glória, em boa hora, mudando o "clima" na sala.

Nestor então se levantou, propondo um brinde à amizade das duas famílias e à felicidade de André e Marilda.

Tudo ia bem. Mas Tereza não estava à vontade. Comera pouco e já mostrava certa inquietação.

André percebeu o que se passava. Tereza queria ir para casa.

- Está bem, mamãe... Mas faça algum esforço e seja ao menos simpática para com eles. São pessoas gentis e muito boas!

Como já conhecesse as reações de Tereza,

Marilda veio em socorro do namorado. Pretextou que deveriam visitar uma amiga aniversariante e convidou Tereza para ir com eles. E ela aceitou depressa.

Glória pediu licença e foi repousar. Nestor e Felipe continuaram conversando em outra sala.

- Marilda já me havia alertado sobre Tereza. Mas eu não imaginei que o quadro fosse assim tão grave. Precisamos levá-la ao centro espírita.

- Na verdade, ela já foi. Marilda até lhe deu um romance para ler.

- Sim, eu e Glória acompanhamos - falou Nestor. Levantando-se, o anfitrião foi até a estante. - Pois hoje eu quero presentear você. Leia um trecho, diariamente. Vai lhe fazer bem - disse ele, entregando a Felipe um exemplar de *O Evangelho segundo o Espiritismo*.

O pai de André agradeceu a gentileza, respeitoso.

- Sei que meu filho será muito feliz com Marilda. E eu sei que ele terá um excelente sogro! Mas não sei dizer se Marilda terá uma excelente sogra! - falou Felipe. Os dois riram.

No retorno ao lar, Felipe notou a caixa de remédios sobre a mesa. Tereza dormia, sob o efeito de calmantes. Isabela veio mostrar-lhe o seu novo amiguinho, Luk, um *poodle* ainda com poucos meses de vida. Depois levou o pai ao quintal, para mostrar a casinha que Jane havia preparado para o bichinho.

- Então, temos um novo membro na família!

- Luk! Luk! - gritava a menina, exultante.

Jane acomodou o cachorrinho numa caminha improvisada e foi preparar o chá de Isabela. Felipe observou o modo carinhoso e maternal da babá. A atenção que dedicava a Belinha supria a ausência da mãe. Voltou-se para a sala, pensativo, e o livro sobre a mesa convidava-o à leitura.

Folheou a obra, detendo-se no capítulo: "Bem-aventurados os aflitos". As palavras de Jesus, asseverando que o seu "reino não é deste mundo", ganhavam agora amplo significado. E caíam como um bálsamo para suas dores mais íntimas. Já tivera alguns sonhos, onde se via numa cidade da França, vestindo terno fino, bebendo numa taberna, na companhia de mulheres de programa.

Talvez devesse também, quem sabe, sentar na poltrona do consultório da doutora Ester.

Felipe folheou a obra e viu, ao final, a coletânea de preces, que o codificador, Allan Kardec, sabiamente fizera constar da obra[12].

"Não tenho o hábito de orar. Mas esta prece é bem apropriada para o que estamos passando" - pensou consigo mesmo.

Imaginando que estivesse só, passou a ler em voz alta.

- *"Sinto, meu Deus, a necessidade de orar para vos pedir as forças necessárias a suportar as provas que me enviastes. Permiti que a luz se faça em meu espírito, com a devida intensidade, para que eu possa apreciar toda a extensão de um amor que me aflige porque me quer salvar! Submeto-me com resignação, ó meu Deus, ai de mim! É tão frágil a criatura humana que, se não me sustentardes, poderei sucumbir! Não me abandoneis, Senhor, pois sem o Vosso amparo eu nada posso!"*

---

12 Coletânea traz preces "por um inimigo", "por quem acaba de morrer", "por uma graça recebida", entre outras. Não são fórmulas, mantras ou novenas. Mas denotam como podemos nos dirigir ao Criador, com palavras simples, mas de forma respeitosa. Até o advento do espiritismo, a prática entre os fiéis católicos era encomendar missas aos seus mortos, pelos oficiais da Igreja. De modo que poucos sabiam formular uma prece. (N.R.)

Sem o suspeitar, Jane ouvia a tudo e também orava. Súbito, a brisa da noite fez bater uma porta dos fundos. Felipe dirigiu-se à cozinha e observou Jane, em êxtase, com os olhos fixos num ponto indefinido. Parecia estar num transe sonambúlico.

- Jane! Você está bem?

- Já vai se deitar com ela? Ah! A solidão é triste, não é? Não está me reconhecendo? Está sofrendo agora, não está? Traidor! Assassino!

- Jane! Sua voz...

- Sou eu, Rodolfo! O pai da mulher que você desprezou e traiu. Mas eu sei quem você é... Senhor Pierre D'Alembert! - disse o espírito, em tom sarcástico e ameaçador.

Jane deu um passo atrás e, assustada, procurou recompor-se. Mas, um novo transe fez que mudasse a feição.

Tomado de medo, Felipe titubeou. Mas, recuperando a coragem, falou com firmeza.

- Quem quer que esteja presente, que venha em paz! Esta casa tem a proteção de Deus!

A expressão facial de Jane agora era suave.

- Louvado seja, senhor! - saudou o espírito.

- Que deseja de nós, meu amigo? - retornou Felipe, tentando ser forte.

- Sou Rafael... Viemos em missão de socorro. Tenha paciência. E não perca a fé. Confiemos no Altíssimo e não fujamos nunca ao chamamento da caridade. Sejamos vigilantes... Jesus é nosso mestre!

E num longo suspiro, Jane retomou a consciência. Não sabia explicar o que acontecera. Bebeu alguns goles d'água e recolheu-se aos seus aposentos.

Pasmo, Felipe procurou refletir no que ouvira. A primeira mensagem deixou-o assustado. Lembrou-se das palavras de Rafael, transmitindo confiança e segurança, e logo associou o nome ao avô de Tereza. Ainda trêmulo, iniciou a prece do Pai-Nosso, já pensando em se aconselhar com Nestor.

Capítulo XI

Palestra

O mutismo de Tereza preocupava a todos. Felipe sabia que a esposa ainda estava ressentida com o incidente na casa de Glória e Nestor. Quis compartilhar com ela as leituras que fazia do *Evangelho,* mas Tereza continuava indiferente.

Ponderou que não seria oportuno relatar sobre o transe de Jane e a comunicação do avô Rafael. Apenas adiantou que Nestor e Glória retribuiriam a visita do último domingo e tomariam o café da tarde junto com eles.

Tereza não poderia, desta vez, evitar que Isabela fosse apresentada ao casal. Mesmo porque Marilda deveria presentear a menina com uma boneca e trazia também uma casinha para o seu *poodle.*

E antes que a campainha soasse, Luk latiu, no portão, denunciando a chegada dos visitantes. Isabela correu ao encontro deles.

- Salve! - saudou Felipe, indo ao encontro do casal, enquanto André e Marilda já atendiam a curiosidade natural de Isabela, que esperava ansiosamente pelos presentes.

Procurando ser mais simpática que da última vez, Tereza mostrou os álbuns da família, identificando os entes queridos nas velhas fotos em preto e branco.

Na hora do bolo com café, com Isabela à mesa, Glória convidou Tereza a visitar o Bazar no CeLuz, naquele sábado. Nestor aproveitou o ensejo para lembrar que na mesma noite haveria conferência pública, com apresentação de jogral infantil e coral, acompanhado por piano e violino.

- Tereza vai gostar. Com certeza! Ela adora música - ajuntou Felipe, percebendo a sutileza do convite.

- Vamos, mamã? - falou Isabela, animada.

Tereza realmente adoraria. Mas a palavra *re-*

cital pareceu abrir dentro do peito um turbilhão de sentimentos desencontrados. Sem ser deselegante, pretextou motivo para não sair naquele sábado. Mas permitiria que Isabela participasse, acompanhada da babá.

Felipe comentou então o quanto apreciara ler *O Evangelho*. E dirigindo-se à esposa:

- Meu bem... Eu tenho lido belíssimas páginas. Acho que deveria ler também. Aprendi que há formas diferentes de sofrer...

- Mas haverá sempre dor. Disso não se pode escapar! - respondeu, mostrando a já costumeira expressão de contrariedade.

Marilda, mais uma vez, interveio com habilidade:

- Isabela gostou da Lili, sua nova boneca. E Luk também gostou da sua nova casa... Não é, Belinha?

- Ob... Obrigado, tia Má! - falou a menina, balançando a cabeça, enquanto molhava o bolo no copo de leite. Jane ajudava-a com os talheres.

- Marilda diz que os cães são excelente companhia. Em alguns hospitais até se permite que os doentes vejam seus bichos de estimação – falou Glória.

A conversa ia animada. E então Nestor e Glória pediram licença para se retirarem. Deveriam ainda completar alguns preparativos para a palestra da noite no CeLuz.

Antes, porém, Felipe procurou falar a sós com Nestor, relatando as regressões de Tereza.

– Isso poderia desencadear processos obsessivos?

– Nenhum que já não estivesse em curso. Mas é provável que Tereza não seja a única protagonista das cenas que presenciou nas regressões. Segundo a doutora Ester, alguns dos personagens presentes nas suas lembranças já se apresentaram também nas sessões mediúnicas do CeLuz.

– E agora, também, através de Jane!

– Leve-a ao centro para o estudo de *O Livro dos Médiuns*, que fazemos todas as terças-feiras e continue fazendo as leituras do Evangelho. Se possível, convide os familiares para que estejam presentes, ao menos uma vez na semana... É o que chamamos Culto do Evangelho no Lar.

- Veremos! Sei que não haverá resistência deles, com exceção talvez de minha filha... Mas vamos pensar nisso seriamente!

***

À noite, Felipe levava a família para a conferência pública no CeLuz. Ao entrar no amplo salão, viu que uma longa fila na ala lateral estava organizada. E Nestor explicou-lhe que o conferencista da noite estava autografando o seu mais novo livro - *Como venci a depressão.* Mas que não se preocupasse, porque Marilda e André já tinham a referida obra, com uma dedicatória do autor "para Tereza, com carinho".

Jane acomodou Isabela, ao seu lado, ocupando dois lugares da primeira fileira do salão. O Coral CeLuz já entoava "Hino à alegria", de Ludwig Van Beethoven. Um jogral infantil fez interessante número, com edificante lição moral. Depois, todas as crianças foram para a sala da evangelização. Isabela foi com elas. Enquanto isso, Nestor anunciava o conferencista da noite.

Atento, Felipe, não perdia uma palavra do brilhante orador. Sua atenção foi ainda maior quando o palestrante destacou a obra de um missionário do espiritismo, Batuíra, que cuidara de uma enteada portadora de necessidades especiais. "Esse admirável trabalhador da divulgação da boa-nova espírita nas décadas de 20 e 30 constituiu numerosa família, mas sempre devotou especial carinho à sua enteada, a quem sempre visitou, no Lar das Meninas, até a sua desencarnação. Ao reencontrarem-se, no mundo espiritual, compreendeu que suas almas vinham, há séculos, unidas por laços de profunda afeição."

Felipe absorvia, com satisfação, o conteúdo daquela exposição, como se o orador falasse exclusivamente para ele. Chegou a emocionar-se com o drama de crianças judias, separadas dos pais, nos campos de concentração nazista. O orador trazia também judiciosos conceitos à luz da reencarnação, o que abria horizontes novos nos campos da investigação de enfermidades complexas como nos casos de anencefalia, síndromes diversas, como a de *Down*, autismo e outras.

Encerrada a palestra, ainda muito emocionado, Felipe foi ao encontro de Isabela, que já estava à porta, saltitante, e cercada de novos amigos. Jane também estava radiante, ao lado de André e Marilda.

Nestor veio apresentar alguns amigos do centro. Célia, a evangelizadora, já estava de mãos dadas com Isabela.

- É um doce de menina! Pode trazê-la nas aulas, nos sábados pela manhã - falou Célia. E voltando-se para Isabela: - Já nos tornamos boas amigas, não é mesmo?

Enquanto o grupo se dirigia para o carro, Ester confabulava com Felipe, sobre os recentes desdobramentos no caso de Tereza.

Capítulo XII

Desaparecida

Naquele domingo, pela manhã, ainda bem cedo, enquanto Felipe ainda dormia, Tereza resolveu sair, para caminhar um pouco, a fim de espairecer. Não estava certa se já havia tomado o comprimido da manhã. Na dúvida, tomou mais uma vez.

O efeito da superdose fê-la sentir-se dopada. Mas nada que atrapalhasse a sua caminhada. Na mente, pareceu ver uma carruagem batendo nas pedras da rua. Alucinação? Uma risada ecoou, dentro dos ouvidos. O que estaria acontecendo? Depois, o estalo do chicote e o trote dos cavalos, acelerando a marcha...

Olhou de um lado e de outro da rua. Não viu carros, mas sim uma carruagem. Pisou no asfalto, e então ouviu chamar:

- Senhora!

Virou o rosto para ver... E nesse instante, a freada brusca, o ruído dos pneus e o choque. Tereza fora lançada ao solo. Pessoas correram para o local, tentando deter o veículo. Mas o automóvel arrancou, sem que pudessem anotar a placa.

Tereza estava desacordada. Um senhor, aproximando-se, foi logo dizendo:

- Meu Deus! Isso foi muita imprudência. Liguem para a Emergência...

Ao mesmo tempo, uma jovem descera de outro carro e já examinava Tereza.

- Vamos levá-la para o pronto-socorro. Ela tem hematomas na cabeça - mostrando conhecimentos médicos.

- Vamos chamar o serviço de resgate... - falou o ciclista, parando para ver.

- Não dá... Ela está perdendo muito sangue - falou a moça. E foi ela mesma quem se ofereceu para levar a vítima ao pronto-socorro mais próximo.

Ali, sem os recursos necessários, e com equipe reduzida, os médicos perceberam que a vítima não teria a assistência necessária. Além de algumas escoriações, Tereza havia sofrido um traumatismo craniano moderado e precisava passar por um procedimento mais delicado. E então teve de esperar, na maca, a chegada de uma ambulância, para que a levasse a outro hospital.

Dado o desaparecimento de Tereza, o desespero instalara-se na família. Felipe já tinha saído à sua procura e dado queixa do seu desaparecimento na delegacia de polícia. Com ajuda de Renata, descrevera as características da esposa, bem como as roupas que estaria usando. Marilda e André já haviam feito ligações para os contatos de Tereza, incluindo a doutora Ester.

E foi a psicóloga quem retornou a ligação, para dar a notícia de que Tereza encontrava-se internada no Centro Médico São Vicente de Paulo. Ester fora informada pelo Serviço Social do hospital, onde também prestava seus serviços de assistência psicológica aos doentes.[13]

Renata caiu em prantos, mas foi confortada pelo pai.

---

13 Nos dias atuais, a maioria dos hospitais já inclui esse tipo de assistência psicológica, não só ao paciente, mas também aos seus familiares. (N.R.)

- Agradeçamos a Deus que ela esteja com vida! - exclamou Felipe, demonstrando coragem e confiança.

Jane levou Isabela para distrair-se com a boneca. Não queria passar preocupações à menina, mas ela parecia estar ciente de tudo.

- Mmm... Mamã vai ficar boa! - murmurou Isabela.

- Jane... Cuide dela. Nós iremos ao Centro Médico.

Na sala de recepção, Nestor e Ester já aguardavam por Felipe e os filhos. Marilda também estava com eles.

Cerca de meia hora depois, o doutor Salles Romão aproximou-se com uma prancheta.

- Familiares de Tereza Gáspari...

Felipe identificou-se. E o médico pediu que o acompanhasse.

- Foi preciso fazer uma trepanação na caixa craniana, para conter a hemorragia de um vaso sanguíneo.

- Ela está bem?

- A paciente está sedada agora... Mas terá de

passar por cirurgia. E precisamos de autorização para isso...

- Sim, doutor. Se for para salvar a sua vida... Mas o que teria ocorrido?

- Uma testemunha informou que ela foi vítima de atropelamento. E que o condutor do veículo não prestou socorro.

- Amanhã ela estará indo para a Unidade de Tratamento Intensivo. E então vocês poderão vê-la.

***

NA MANHÃ SEGUINTE, FELIPE e os filhos aguardavam na antessala da UTI do Centro Médico São Vicente de Paulo. Ele foi o primeiro a ver a esposa. Mas a enfermeira informou que a paciente vinha apresentando lapsos de memória. Mas aos poucos ela iria se recordar de tudo.

Felipe sentou-se à beira da cama e contemplou a esposa, sonolenta, com a cabeça enfaixada. Aos poucos, Tereza foi abrindo os olhos.

- Tereza! Você nos deu um baita susto! - falou o esposo, segurando a sua mão...

Mas a esposa reagiu com olhar estranho, recolhendo o braço.

- Tereza. Sou eu, Felipe. Seu marido! - insistiu, meio sem jeito. Tentou tocar a face da esposa, com carinho, mas ela olhou para ele, desconfiada.

- Quem é o senhor?

Felipe limitou-se a contemplá-la. Esperaria então que passasse o efeito da medicação.

Os filhos vieram até o leito da mãe. Renata foi a primeira a falar com Tereza.

- Mamãe! Mãezinha...

- Por que me chamam de mãe?

- Somos nós! Você não reconhece os seus filhos? - insistiu André, o mais velho.

- Eu só tenho uma filha... Isabela. Belinha é minha filha querida!

A reação de Tereza era de fato estranha. Apesar de não ter reconhecido a família, reagia positivamente com relação à filha caçula, que até então rejeitava desde o seu nascimento.

- Pois Belinha virá vê-la, se autorizarem. Mas olhe bem para mim.

- Não... Eu sou mãe de Isabela. Minha única filha.

André estava constrangido. Mas ao mesmo tempo contente com a mudança de sentimentos da mãe em relação à irmã caçula.

Felipe fez um sinal para que os filhos não insistissem. Tentou então acalmar a esposa.

- Bom... O importante é que você está se recuperando... Como disse o doutor Salles, breve você irá para o quarto. E esses lapsos de memória vão passar...

O tempo de visita estava esgotado. A enfermeira ajeitou o travesseiro da paciente, acomodando-a mais confortavelmente.

- Nós voltaremos à noite, minha querida. Descanse agora - despediu-se Felipe, seguido dos filhos, que beijaram a fronte materna, consternados. Tereza apenas olhou-os, com cismas, e voltou a dormir.

Capítulo XIII

Mergulhando mais fundo

À saída da UTI, a doutora Ester veio ter com o grupo.

- Esses lapsos de memória são esperados nos casos de traumatismo craniano. Dentro de alguns dias, deverá lembrar-se de tudo, mas não do acidente... É preciso que tenham paciência. Ela poderá recobrar lembranças outras e até mesmo certas habilidades, das quais nunca suspeitou fosse possuidora...[14] - falou a psicóloga e amiga da família.

- Mas ela se lembrou de Isabela... E a chamou de filha querida. Por quê? - quis saber

14 Registram-se vários casos de pacientes que, após o coma profundo, despertam falando em outro idioma que não o da sua língua-mãe. E até mesmo mostram habilidade para fazer coisas que antes nunca mostraram que fossem capazes de fazer, como, por exemplo, tocar um instrumento, pintar quadros etc.

Felipe. - Deus permita que esse sentimento não mude.

Ester também considerou aquele comportamento um tanto estranho. Possivelmente Tereza estivesse associando Isabela a outra criança.

- Não podemos explicar, por ora. Mas peço que vão para casa e descansem - falou Ester, acompanhando a família até o estacionamento do Centro Médico.

***

Com efeito, durante a tarde, Ester aproximou-se do leito de Tereza. Estava desperta, mas reclamava do desconforto no braço esquerdo, por onde haviam sido feitas as cânulas para injeção de soro e medicamentos.

Após receber os cuidados da enfermeira, Ester tentou entabular um diálogo com a amiga e paciente.

- Você recebeu visitas hoje?

- Sim, mas não da minha família. Um senhor esteve aqui, com os filhos. Eles sabiam meu nome. Mas eu não me lembro deles. Aliás, eu só tenho uma filha...

– E como ela se chama?

– Isabelle. Ela só tem 3 aninhos.

– E quem é o seu marido. Ele não veio te ver?

– Pierre! Às vezes ele aparece. De outras vezes, manda o primo dele vir trazer notícias.

Ester apenas ouvia. Percebeu que talvez fosse necessária uma nova regressão. Notou a declinação francesa no nome Isabelle. Pediu então que a família não causasse constrangimentos à paciente. Quando tivesse alta definitiva, Tereza iniciaria novo tratamento psiquiátrico, com outra prescrição de remédios. E que aguardassem sua volta para casa.

Foram quase dois meses de internação. As visitas se repetiam no quarto do Centro Médico. Tereza recebia a visita dos familiares, mas sem dar sinais de haver recobrado a memória. Até que, liberada, já com os cabelos mais crescidos, Tereza voltou para casa, de ambulância. Numa cadeira de rodas, foi guiada até a porta da residência.

– Esta não é a minha casa! Vocês estão enganados!

- Este é o endereço, Tereza. Falou Felipe, carinhoso. Veja nosso jardim...

- Meu marido deve ter vendido a nossa casa para pagar a conta do hospital, que, certamente, deve ter sido muito alta. Teremos de nos adaptar a uma casa menor. Pelo jeito, foi isso que ele pôde comprar.

Os filhos estavam perplexos... Felipe não sabia o que dizer. Nesse momento, Jane e Isabela aproximaram-se. O grupo vinha orando todos os dias pelo restabelecimento de Tereza.

Renata ajeitou o travesseiro e o lençol... Tereza deitou-se. Olhou ao redor, com desconfiança. A filha deu-lhe então o comprimido da tarde, conforme instruções de Ester. Beijou a fronte materna e retirou-se do quarto.

A sós, Tereza olhava para o álbum de retratos... Não podia reconhecer ninguém. Nem o nome do esposo! Mas um casal de idosos chamou sua atenção. Aquele rosto era familiar... Nesse exato instante, sentiu uma brisa soprar no ambiente... O quarto se iluminara.

- Quem está aí?

- Sou eu, minha netinha querida. Sou o seu avô Rafael. Lembra-se de mim? Quando você era criança, gostava de passear comigo e nós íamos ver os peixinhos no lago do jardim ou ao bosque para ver os passarinhos e correr atrás das borboletas. E quando ficava cansada, queria dormir no meu colo. Você se lembra disso?

- Claro! Como eu poderia esquecer?

A seguir, Tereza acrescentou com muita emoção:

- Ah, vovô! Que saudade! Disseram-me que o senhor havia morrido! Acho que me enganaram.

- Não, Tereza! Para o espírito a morte não existe.

- O senhor até remoçou!

- É a felicidade que hoje desfruto, por ter me esforçado em adquirir algumas virtudes, embora saiba que ainda me faltem muitas outras... - falou, com ternura.

Tereza olhava o avô, extasiada.

- Mas tenho notado que você anda muito triste, minha neta; precisa aceitar o que a vida está lhe proporcionando para o seu crescimento.

– Como assim, vovô?

– Refiro-me às coisas da alma. Confie em Deus. Tudo pelo que está passando é para o seu bem.

– Ser atropelada... É para o meu bem? Estive hospitalizada por vários dias... Até perdi a conta! Agora, estou rodeada de estranhos. Mas não pude ver minha filha, Belinha.

– Um dia você vai entender. Mas, agora preciso ir. Breve voltarei. Ainda temos muito que conversar.

Tereza sentiu o beijo que o avô lhe depositava na fronte. E, embalada pela suave presença de Rafael, acabou adormecendo realmente. E, sonhando, reviveu sua infância. Via-se de mãos dadas com o avô, fazendo um daqueles passeios de que tanto gostava. Sonhou com a mãe, muito nervosa, porque seus irmãos tinham voltado do futebol com as roupas sujas. E o avô lhe pedia que tivesse mais calma com os meninos.

Acordando um pouco mais tarde, estranhou mais uma vez a mobília e os objetos. Mas ao reparar mais uma vez o quadro na parede, reconheceu ali a figura do avô, Rafael.

– Dona Tereza! Podemos entrar?

Era Jane, a babá de Isabela, pedindo licença para abrir as cortinas e as janelas, a fim de clarear e arejar o quarto.

– Você é a nova empregada? – perguntou Tereza, sem reconhecê-la. – Qual é o seu nome?

– Eu sou Jane. A babá – respondeu.

– Onde está *Isabelle*? Pode trazê-la para mim?

A babá ficou indecisa. Mesmo assim, foi buscar a menina.

Timidamente, Belinha foi entrando no quarto da mãe, que, ao vê-la, pôs-se a chamar:

– Venha aqui, filhinha! Que saudade de você! Venha me dar um abraço. Mas, me diga: por que nunca foi me visitar no hospital? Agora estou reparando. Como você cresceu! Acho que estive hospitalizada por anos... Muito mais do que imaginei.

Belinha beijou a fronte da mãe e olhou-a, com ar inocente. Sondando por detrás da porta, os irmãos ficaram surpresos e acreditaram que também seriam reconhecidos pela mãe.

Renata não se conteve.

- Mamãe... Eu sou Renata.

- Você é uma moça bonita. Mas eu não sou sua mãe - disse, olhando ao redor. - E onde está Pierre? Ainda não voltou da viagem?

- Você está se referindo a Felipe. Ele deve chegar logo.

- Pierre! E, pelo que me conste, nós tivemos uma única filha: Isabelle!

Os filhos se entreolharam, confusos.

- Descanse um pouco, mamãe... - falou André, enquanto Renata retirava-se do quarto, por não conter o pranto.

Dias depois, Ester veio visitar a paciente, a pedido de Felipe. Antes, porém, dera instruções à família. Tentaria uma regressão com Tereza, ali mesmo, no seu quarto. E que eles orassem na sala. Jane também ficaria com eles.

- Ester, então, com um desenho de Belinha nas mãos, aproximou-se, cumprimentando a paciente.

- Veja o que Belinha lhe mandou!

Tereza olhou o desenho e ficou tomada de emoção. Nele estavam representados todos os membros da família. E também uma boneca.

Estalando os dedos, Ester induzia a paciente a uma regressão.

- Viu a boneca? Reconhece quem é?

- Ynaí. Minha filha! Ela foi roubada por outra índia, a mando de Yebá. E ambas acabaram caindo num buraco, perto do rio.

Ester observou que a paciente agora dava uma versão mais completa para o fato.

- E o que aconteceu?

- Ynaí bateu a cabeça na pedra. E morreu.

- E onde está Yebá?

- Não sei. Ele foi morto por outra tribo, acho.

Ester procurou então trazer a paciente para um tempo mais recente.

- Que vê agora?

- É uma taberna... Pierre não chegou ainda!

Ester estalou novamente os dedos, contando lentamente

- Três... Dois... Um... O que está fazendo agora?

Tereza assumia ares de superioridade.

- Estou num recital. Há muitos convidados na sala.

- E onde está Olga?

- Ela não mora mais aqui. Eu dei um jeito de expulsá-la de casa. Ela e a governanta, sua mãe.

Tereza tinha os olhos cerrados. Mas revivia intensamente aquele momento dentro de sua mente.

- Ela era cortejada por Otávio. E eu não podia suportar isso. Ameacei denunciá-las por furto, alegando falta de algumas joias.

- E Virgínia? Nunca soube a verdade...?

- Não... Eu nunca lhe disse.

Súbito, Tereza abriu os olhos, desmesuradamente:

- Mamãe! Oh! Mamãe... Você aqui! - O momento era de intensa emoção. - Oh! Mamãe... Que saudade! Mamãe... - E deu vazão às lágrimas.

Do lado de fora do quarto, todos oravam.

Após alguns minutos, Ester retomou o diálogo:

- Quem está contigo, Tereza?

- Meu avô Rafael... Ele me levou para passear - Tereza sorriu. E adormeceu.

Capítulo XIV

Início da cura

Para a surpresa de Célia, a evangelizadora, naquele sábado Isabela vinha acompanhada da própria mãe, Tereza.

- Estou muito contente com os progressos de Isabela... Acho que isso eu devo muito a vocês... - falou com sincera gratidão.

- Ela é muito carinhosa. Embora não possa expressar-se como gostaria, Isabela mostra estar consciente do que ocorre na família - falou a educadora.

Jane veio então lembrar Tereza de que ela deveria acompanhá-la até o salão, para ouvir a preleção evangélica. Depois, se fosse de sua vontade, poderia receber o passe.

– Já estive aqui antes – falou Tereza, reconhecendo o ambiente. – Sei que já estive aqui.

– E acho que fui trazida por meu avô. Eu também o vejo às vezes – completou Tereza, apertando as mãos de Jane. Seus olhos se encheram d'água, denotando a emoção sentida.

– Nas reuniões do Evangelho no Lar, que o senhor Felipe começou a fazer em casa, tenho sentido sua presença também.

– Oh! Jane... E por que ainda não participei?

– O senhor Felipe ficará feliz com sua presença. E de Renata também.

Uma hora depois, Isabela estava liberada da aula. Ouvira uma história sobre Jesus e as curas que realizou. E também o amor que o mestre devotava às crianças.

– Mm... Mamã! – exclamou Belinha, indo ao encontro de Tereza. No desenho que fizera, estavam retratadas as figuras de "tia Célia", a professora; e ainda "mamãe Jane" e "mamãe Tereza".

Tereza sentiu-se recompensada. Abraçou a menina, com sentimentos renovados. Jane assistiu à cena, comovida. Célia também estava emocionada.

André e Marilda estavam aguardando para levá-las para casa. No trajeto, Tereza teve novos lampejos de memória. Reconhecia o caminho, dando os nomes às ruas e praças... Ela mesma indicou o trajeto para chegar à residência. As lembranças estavam voltando!

Ao chegar, o grupo encontrou Felipe a ler uma página de *O Evangelho*: "Infeliz aquele que diz: Eu jamais perdoarei! Porque, se não for condenado pelos homens, o será certamente por Deus. Com que direito pedirá perdão de suas próprias faltas, se ele mesmo não perdoa aos outros? Jesus nos ensina que a misericórdia não deve ter limites, quando diz que se deve perdoar ao irmão, não sete vezes, mas setenta vezes sete vezes."

- Papá... - aproximou-se Belinha, mostrando o seu desenho. Tereza estava ao lado. E seus olhos brilhavam.

Felipe já adiantara o almoço, auxiliado por Renata. André então, antecipando-se, lembrou que naquela noite estariam reunidos para o culto do Evangelho no Lar.

- Desta vez, mamãe participará conosco - falou o jovem.

E Marilda acrescentou, olhando para a cunhada:

- E Renata também prometeu não faltar, não é mesmo?

A moça sorriu. Havia no olhar uma sombra de preocupação. Mas Luk entrou na sala, pulando no colo de Isabela, atraindo a atenção de todos para a cena alegre.

Passados aqueles momentos, Felipe observou que Renata estava um pouco chorosa. Parecia esconder alguma coisa. Encontrara uma carta sob seu travesseiro. Talvez fosse apenas o ensaio do que pretendia dizer ao namorado. Num trecho, desabafava:

- "Se você não quer assumir, eu assumirei. E sei que serei capaz de criar o meu filho!"

Felipe sabia que aquele segredo não poderia ficar mais tempo com ela. Talvez intuído pelos amigos espirituais, procurou aproximar-se da filha.

- Soube que tem faltado às aulas, Renata. Não está gostando do curso?

- Não... Eu só não estou bem em duas disciplinas...

- Filha!...

Renata não suportou olhar o pai nos olhos. A cumplicidade entre eles era grande demais para haver segredos. A menina deixou cair uma lágrima.

- Sei que seu relacionamento com Bruno não vai bem...

Renata abraçou o pai, já em prantos. Precisava desabafar.

- Papai! Eu... Acho que estou grávida! Mas se ele não quer o filho. Eu quero!

Felipe tocou-lhe o queixo, com carinho, erguendo seu rosto.

- Você já foi ao médico?

- Não. Ele queria que eu tomasse uma injeção. Mas eu não faria isso... Nunca!

- Sua atitude me deixa orgulhoso, filha. Esteja certa de que terá todo o nosso apoio... Receberemos esta criança com todo nosso amor!

Renata abraçou o pai, deixando o pranto correr livre.

***

Dois dias depois, porém, o semblante da filha era outro.

- Papai! Preciso lhe contar!

- Sim, minha filha!

- Eu nem precisei ir ao médico, pai. Talvez por medo da gravidez, meu ciclo menstrual se descontrolou. Mas depois que desabafei, a ovulação retomou o ritmo normal. Então, o senhor não será avô. Pelo menos desta vez.

Felipe abraçou Renata, com ternura.

- Mas não me arrependo de haver desabafado com o senhor. Porque pude ver que tenho um pai no qual posso confiar e abrir o coração...

- Minha filha querida! Você é uma menina de ouro... Mas um dia sei que me dará um netinho. Ou uma netinha!

- Sim. E quero estar preparada para a maternidade. Aliás, devo dizer que, depois de nossa conversa, ganhei coragem e forças para romper o relacionamento com Bruno. Ele se sentiu aliviado, porque acreditava que ainda estivesse grávida. Ainda que não fosse essa a intenção, o alarme da falsa gravidez permitiu-me conhecer melhor quais as suas reais intenções para comigo...

– Mais uma razão para me orgulhar de você, minha filha! – falou o pai, beijando a fronte da filha.

– E quanto à mamãe, estou também muito feliz pelas melhoras sensíveis – retornou Renata, enlaçando-se nos seus braços. – Espero poder participar do culto do Evangelho no Lar da próxima vez.

***

Com efeito, Tereza fizera progressos significativos. E Felipe estava ansioso por saber de Ester o que promovera tamanha melhora na esposa. Ao mesmo tempo queria relatar as comunicações psicofônicas, vindas através de Jane, justamente no momento em a terapeuta levava Tereza à nova regressão.

– Não serão necessárias novas regressões – falou a terapeuta. – E os lapsos de memória deverão desaparecer.

– Mas quem é Pierre? Tereza mencionou esse nome algumas vezes... Eu estou um pouco preocupado, porque já me vi na França, ainda no período da monarquia dos Bourbon.

– Você gostaria de lembrar mais sobre isso? – contrapôs a psicóloga, sorrindo. – Deseja também fazer uma regressão?

– Não... Não é o caso. Mas algo me diz que minha relação com Tereza não é de hoje. E parece que velhos adversários estão a braços comigo, como a cobrar-me por faltas cometidas em época distante.

– Então, você já tem informações suficientes para entender que é preciso trabalhar no bem e exercer a caridade. Aprendamos a amar aqueles que a Providência Divina colocou no nosso caminho. Esteja atento ao que se passa ao redor, às oportunidades que a vida lhe oferece, e trabalhe. O CeLuz é uma ótima oficina de serviço ao semelhante.

***

Felipe meditou no que ouvira. E já naquela semana participaria da reunião mediúnica no Ce-

Luz, conforme convite de Nestor. Jane também estaria com ele. Já a caminho do centro, ambos sentiam que aquela decisão atendia à inspiração superior.

Nestor e Glória estavam a postos para o trabalho de intercâmbio mediúnico, que contaria ainda com outros cinco participantes.

Depois de uma prece enternecida do dirigente, uma das médiuns tomou do lápis. E pela psicofonia de outro médium, o mentor dos trabalhos fez carinhosa saudação, lembrando que as tarefas seriam realizadas sob a égide do mestre Jesus. Pediu que todos mantivessem o nível de concentração. E que confiassem na Providência Divina.

Minutos decorridos, um espírito manifestou-se, com sotaque francês, falando através de um dos médiuns.

– Por que me prendem? Deixem-me sair... – bradava, incomodado.

– Por que não conversamos um pouco? Não será hora de pôr fim a esta longa busca que só lhe tem causado dissabores?... – falou Nestor, bem intuído.

- Ah! Então é isso! Vocês o esconderam aqui? Mas não adiantou, porque estou identificando o canalha... Pierre! Minha vingança não terminou! Não se lembra de mim, não é? Pois eu sou Rodolfo Le Pen.

Felipe tremeu. Parecia reviver, igualmente, a cena no cabaré de Marselha.

Mas outra médium entrava em transe ao mesmo tempo.

- Meu pai! Até quando, meu velho? Não vê que isso só tem retardado a sua felicidade? Não foi você mesmo quem suplicou compaixão de Jesus, a mesma compaixão que o mestre teve para com Judas? Mas o pedido de perdão vinha apenas dos lábios, porque seu coração não era sincero...

Rodolfo sentiu-se fragilizado.

- Minha filha! Perdoe-me... Perdoe-me!

Mentalmente em prece, Nestor acompanhava as palavras ternas de Marion, o espírito que conduzira Rodolfo à reunião mediúnica.

Felipe, por seu lado, chorava e orava, rogando perdão a Deus e àquele a quem ferira! À medida que emitia bons pensamentos, foi sendo envolvido por doces vibrações. Não conseguiu identificar aquele ponto de luz azul-prateada. Mas teve a certeza de que naquele momento terminava um longo processo de ajustes.

Ao acender das luzes, Felipe estava de olhos vermelhos. Mas o coração leve.

Igualmente, do outro lado da vida, conforme descreveu a médium, bela mulher, envolta em luz, tomava nos braços o espírito comunicante. Felipe sentiu no fundo da alma que naquela noite estava quitando débitos perante a lei divina.

Na preleção final, Nestor relembrou vários dos ensinamentos de Jesus, no belo Sermão do Monte, quando anunciou as bem-aventuranças, e também recomendou que orássemos pelos inimigos.

Capítulo XV

Casamento

Prosseguindo no tratamento médico espiritual recebido no centro, Tereza, aos poucos, foi dando sinais de melhora.

Num certo dia, Renata chegou à sua casa um pouco mais tarde do que o habitual e, Tereza, preocupada com a sua demora, não conseguia pegar no sono. E, quando ouviu o ruído da chave girando na fechadura, foi até a porta.

- Minha filha, isso são horas de chegar? Por onde andou até esta hora?

Surpresa e emocionada, Renata apenas respondeu:

- A senhora me chamou de "filha"?! - abraçou a mãe, sem saber se ria ou chorava.

- Por que isso, Renata? É claro que sou sua mãe. E você é minha filha querida. Ora, essa!

- Deixa pra lá! - desconversou a moça, beijando-a no rosto, com muito carinho.

Renata foi se deitar, bastante feliz. Queria confidenciar o fato com os irmãos, mas eles já estavam dormindo. No dia seguinte, ao acordar, procurou por André para lhe contar a surpresa, com um sorriso nos lábios e os olhos brilhando, a revelar a sua felicidade. Entrou no quarto do irmão, que ainda não havia acordado, e foi logo dizendo:

- André... Não vê que já é dia?

O rapaz virou-se para a irmã, emburrado.

- Que deu em você? Não sou eu quem lhe acorda sempre?

- Você não sabe! Ontem, ao chegar, mamãe me chamou "de filha"!

- O quê?! Então o lapso de memória deve ter passado... Será que isso valerá também para mim?

- É bom não forçar... Deixe acontecer, naturalmente.

No café da manhã, Tereza estava bem tranquila. Mas não deu quaisquer esperanças a André. Esquecer que era seu filho até poderia aceitar a ideia, conquanto estivesse bem e amando Isabela.

Semanas haviam se passado. Naquele domingo, deveriam todos almoçar na casa de Nestor. Uma surpresa estava preparada. Marilda e André haviam pedido a presença de todos.

Isabela correu para junto do carro, com Luk nos braços. Jane acomodou-se. Então Tereza, voltando-se para o esposo, complementou.

- Felipe! Toque a buzina... Senão Renata vai ficar uma hora retocando a maquiagem!

Todos riram. E Felipe riu com mais gosto ainda. A esposa o havia chamado pelo nome.

Em alguns minutos, o automóvel estacionava diante da casa de Nestor e Glória. Um som de piano vinha da sala. Alguém dedilhava a valsa *Danúbio Azul.*

André e Marilda vieram receber os familiares. Em seguida, Nestor aproximou-se, com um sorriso.

- Belinha! Solte o Luk... Ele já conhece a casa!

E a menina correu para o quarto, atendendo instruções de Jane.

- Cuidado, minha filha! Muito cuidado, não vá se machucar! - recomendou Tereza, denotando novo comportamento com relação à menina.

Na sala, o menino Lucas esforçava-se diante da partitura. Ao lado dele, Ester tentava ajudar nas notas.

- Ester! Que boa surpresa! - bradou Tereza, abraçando a amiga terapeuta.

- Nestor e Felipe pediram minha presença aqui. Quanto mais testemunhas, melhor, não é? - falou, piscando um olho para Glória.

- Como assim?

- Já vai saber. Mas agora quero que tente tocar um pouco. Lucas, meu filho... Dê licença para Tereza!

- Eu só fiz um ano de piano! Não me lembro de quase nada...

Tereza iniciou a valsa. Mesmo com alguns tropeços, os acordes encheram o ambiente com a bela valsa de Strauss.

Tereza não percebera que, enquanto tocava, todos se postaram para ouvir o seu "recital". Ao encerrar, foi surpreendida com os aplausos.

Voltou-se então, de face ruborizada.

- Obrigada! Obrigada! - agradeceu, curvando-se, sem suspeitar que já fizera antes aquele gesto, por muitas vezes.

Sorrindo, Ester lançou um olhar enigmático aos presentes.

- Ela tem pose de concertista... Não tem?

Nesse instante, Nestor convidou a todos para um brinde. Mas antes, dois jovens queriam fazer um anúncio.

André e Marilda, de mãos dadas, deram um passo à frente.

- Eu e Marilda, como todos sabem... Nós decidimos...

- Por que está tão nervoso, meu filho? - falou Tereza, sem perceber a alegria que lhe proporcionava.

André gaguejou. Segurou a emoção e, voltando-se para Marilda, só conseguiu dizer:

- Eu e Marilda queremos compartilhar um sonho com todos vocês. Nós vamos nos casar. A cerimônia no civil já está marcada. E a cerimônia religiosa, para nós, está sendo agora. Sempre quisemos que fosse assim, na intimidade do lar, com nossas famílias reunidas – falou André, beijando Marilda.

Esta, por sua vez, olhando para os sogros e para os pais, ajuntou:

– Sabemos que nossa união tem a aprovação de vocês. Mas queremos também a sua bênção. E que não nos neguem seu apoio e seus conselhos. Estamos cientes de que o casamento é uma instituição sagrada e juramos respeitar um ao outro.

Nesse momento, Isabela e Lucas, bem ensaiados que estavam, entraram pela porta dos fundos, trazendo as alianças. Renata fez soar a música do casal: "Love is a very splendored thing".

Luk latiu um pouco, com os aplausos. Mas apenas o suficiente para que todos rissem dele.

Glória abraçou a filha, com lágrimas nos olhos, e também ao "novo filho". Felipe e Tereza foram ao encontro deles. O clima era de emoção. Nestor então convidou o grupo para acompanhá-lo na prece. E iniciou:

"Jesus, amado mestre, eis aqui meus filhos que se unem neste momento, para uma vida em comum: minha filha Marilda e André, meu filho do coração. Ela, que eu embalei quando criança e vi crescer, uma doçura de pessoa, terna, amorosa, compreensiva e fiel aos ensinamentos espíritas que tem recebido. Ele, com bons princípios morais, bondade e honestidade, e que hoje, abraçando o espiritismo, tem demonstrado ser um discípulo fiel dos seus ensinamentos.

"Assim, mestre, nós rogamos muitas bênçãos para esta união, que esperamos venha a durar por muitos e muitos anos, mas sempre com muita paz e um imenso amor!

"Seus exemplos, Jesus, já falam em nossa alma incentivando-nos a todos os que procuramos professar a nossa fé, fazermos da nossa caminhada de hoje, uma constante doação de amor ao próximo, através da vivência de tudo que nos deixou como lições de vida, a fim de que consigamos nos redimir dos nossos erros, para alcançarmos a nossa evolução espiritual.

"Que assim seja!"

Nesse momento, Isabela, com as mãozinhas unidas:

– *Jesuso... Brigado! Jesuso trouxe mamã de volta. Agora tenho duas mamãs* – falou a menina, apontando para Tereza. Depois, seus olhinhos passearam pela sala, até se fixarem em Jane, a babá. Foi até ela e deu-lhe afetuoso abraço.

Do outro lado da vida, Virgínia e Rafael assistiam a tudo.

– Se pudessem lembrar-se, saberiam que, de fato, já estiveram na condição de mãe e filha – aduziu Virgínia.

Capítulo XVI

Retorno

Decorridos três meses, a rotina na casa de Felipe estava diferente. Tereza assumira as responsabilidades do lar, auxiliada por Renata. Jane acompanhava Isabela à Escola de Ensino Fundamental e também às aulas de natação e à evangelização, no CeLuz.

Felipe, já aposentado, ampliara agora as horas dedicadas ao centro espírita, colaborando na distribuição de gêneros alimentícios às famílias necessitadas, tarefa em que era auxiliado também por Tereza. Nas quintas-feiras, Felipe e Jane participavam do Grupo de Estudo da Mediunidade. Mas continuavam no centro, para a reunião de intercâmbio mediúnico.

Desde o início da noite, porém, os mentores

espirituais já estavam presentes, cuidando para o êxito da reunião agora prestes a iniciar.

Glória preparou a mesa com uma bela toalha de linho. Depois, colocou no centro uma jarra com água e alguns copos. *O Evangelho segundo o Espiritismo* estava aberto no capítulo "Laços de família". Na cestinha, várias mensagens de Emmanuel, vários lápis apontados e um maço de folhas de papel em branco.

Nestor diminuiu a luz, deixando apenas as lâmpadas azuis em cada canto da sala. Na antiga vitrola, o velho long-play *Música à Luz da Oração* começou a tocar "Meditation", de Jules Massenet. As vibrações modificaram-se.

Nestor iniciou os trabalhos com uma prece, deixando espaço para possíveis manifestações dos mentores espirituais. E eles estavam a postos.

– Boa noite, queridos irmãos! Que a paz do divino mestre esteja em todos os corações! Há sempre júbilo nos céus quando há triunfo do bem sobre o mal, quando o ódio cede lugar ao perdão, quando o Sol do Evangelho fulge na noite, espancando as trevas!... Hoje, os anjos do Senhor cantam hosanas, e pétalas de rosas perfumam veredas...

Felipe sentiu uma corrente de fluidos ao longo do corpo. Algo de muito sublime estava ocorrendo naquele momento. E o espírito comunicante continuou:

- *Sim... Haverá sempre júbilo nos corações. Quem tiver olhos de ver, que veja. Quem tiver ouvidos de ouvir, que ouça. Nada a temer, alma querida. Nada a reclamar... Nada pelo que desesperar-se. Mas que todas as preces sejam de gratidão a Deus! Gratidão por Sua infinita misericórdia e ilimitado amor às criaturas.*

Nestor agradeceu a presença do amigo espiritual, ao tempo que Glória iniciou pela psicofonia.

- *Alma querida! Uma etapa está se cumprindo. Tem fé, minha amiga. Estaremos sempre contigo. E não te permitas abandonar a tarefa, porque a mediunidade é o arado sagrado que o Pai te confiou, para preparar a terra, onde serão semeadas as flores do bem. Sou eu, Virgínia. Tu já me viste outras vezes. E é provável que trabalhemos juntas, doravante. Porque a tua primeira tarefa já foi cumprida. Que Jesus nos abençoe!*

Jane estava em êxtase espiritual. Compreendia que as palavras eram dirigidas ao seu coração. E exultava com a nova tarefa, mas algo lhe apertava o peito. Era como se algo estivesse por acontecer ou já tivesse acontecido.

A reunião estava encerrada. Havia um perfume de flores no ar. Nestor abraçou os companheiros, começando a servir água a cada um dos trabalhadores.

- Ester ficaria muito satisfeita se tivesse participado desta noite - falou Felipe, compartilhando a alegria com Jane. - Ela gostaria de saber que Virgínia deu nova comunicação...

- Por quê?

- Porque Virgínia foi mãe de Tereza em outra existência. E tinha também uma governanta, Maria Rosa, que era mãe de Olga. Olga é Isabela, reencarnada. Mas por misericórdia divina, mesmo sendo rejeitada pela mãe biológica atual, não deixou de ter o carinho da outra mãe, que nunca deixou de protegê-la.

Jane estremeceu. Desde que passara a cuidar de Isabela, nutria verdadeira afeição pela criança. Durante aqueles anos, mantivera um pacto com Belinha, um segredo só delas. Quando estivessem a sós, a menina poderia chamá-la de mãe, se quisesse. E assim, nos desafios escolares, nos exercícios de coordenação motora e durante a natação, Jane desfrutou a ventura de ser mais uma vez a mãe de Isabela.

Agora, diante da mensagem que recebera, e com as revelações de Felipe, não tinha dúvida!

Jane e Felipe chegavam à casa. Um recado na porta dizia apenas. "Fomos ao Centro Médico. Tereza". Jane correu ao quarto de Isabela. Apenas a boneca sobre a cama. Luk deitara-se num canto, amuado.

Felipe falava ao telefone, desesperado.

- Mas como isso ocorreu? Eu sempre recomendei que não fosse além da calçada com a bicicleta...

Jane sentiu o peito apertar. Queria tomar o telefone das mãos de Felipe.

- Que houve... Isabela caiu da bicicleta?

Jane parecia adivinhar.

- Uma queda leve... Nada sério. Está agora em observação. Tereza e Renata estão lá com ela agora. André disse que vai passar lá também, assim que pegar a esposa na faculdade.

- Vamos para lá! Estou com um pressentimento ruim - falou Jane, já pegando a blusa e a boneca de Isabela.

- Vamos!

Novamente, a família estava reunida no mesmo Centro Médico São Vicente de Paulo. Agora, a paciente não era Tereza. Mas Isabela. Ela havia sofrido um corte na cabeça, de pequena gravidade. Mas, quando já se preparava para receber a alta hospitalar, o seu quadro se complicou.

Tereza estava sensibilizada. Orou com todas as forças do coração, pedindo, ao mesmo tempo, perdão por suas faltas. Naquele instante arrependia-se profundamente por não ter sido uma boa mãe para Isabela.

Felipe e Jane aproximaram-se, com os corações oprimidos. Jane queria entregar-lhe a boneca, que lhe fazia companhia desde os primeiros anos. Mas ela estava sedada.

- Deixe comigo. Eu darei a ela, assim que acordar - pediu Tereza, com humildade. - Eu vou passar a noite com minha filha.

Felipe fez um gesto, tranquilizando os filhos.

- Sim, Tereza. Cuide bem de nossa filha! Amanhã, pela manhã, nós estaremos de volta. Você será enfermeira de Isabela...

Tereza teria oportunidade de afirmar o seu amor pela filha. O que lhe faria grande bem naquele instante.

Altas horas da madrugada, a menina abriu os olhinhos amendoados. Tereza estava a contemplá-la.

- Minha filha! Você acordou... Graças a Deus!

- Mamã... - balbuciou Isabela, transmitindo alegria no olhar.

- Tome, filha... A sua boneca! Vamos colocá-la aqui do seu lado.

Isabela sorriu. Os olhinhos amendoados pareceram mais brilhantes e lúcidos. Tereza abraçou o corpinho frágil, procurando esconder o pranto.

- Perdoe-me, minha filha! Perdoe-me!

Isabela olhava para um ponto no teto da sala, como se divisasse vultos luminosos. Uma expressão de alegria correu-lhe o semblante. Sim, algo de sublime estava acontecendo naquele momento. A menina fez um longo suspiro e então murmurou:

- Jesuso!...

Tereza compreendeu o que se passava. Chamou a enfermeira e todos que estavam na ala pediátrica. No leito, o corpo frágil não pudera mais reter o espírito que o habitara.

Capítulo XVII

Casa de Isabela

Desnecessário descrever o quadro de consternação na família e também entre os amigos, incluindo a comunidade espírita. Célia, a evangelizadora, estava ali para prestar sua homenagem, em nome de todas as crianças do CeLuz. Felipe estava sereno. Não conseguia chorar, porque sabia que, do outro lado da vida, os corações estavam jubilosos com o retorno de Isabela.

Na Mansão da Paz, Elza orava a Jesus. Aquela existência fora altamente proveitosa para Olga. Privada do amor materno, esse espírito teve, em compensação, a assistência de Jane, que já lhe recebera como filha em outra existência.

A misericórdia divina não lhe faltara. No acidente sofrido, Olga, ou Isabela, pudera enfim liberar-se do complexo de culpa que carregava havia mais de cinco séculos. Embora não tivesse vivido muitos anos, a existência fora proveitosa para ela e para os seus.

Portadora de grave doença genética, não pudera expressar-se com correção nem coordenar os movimentos. O sistema neurológico não lhe podia atender os comandos. Mas foi assim que conquistara a paz de espírito de que necessitava para prosseguir a jornada rumo à perfeição.

E nos corações que deixara, Isabela semeara as flores do bem. Com a supervisão da doutora Ester, Jane e Tereza dirigiam agora o Centro de Apoio às Crianças com Necessidades Especiais, unidade conjugada ao Centro Espírita Amor e Luz.

Na inauguração da obra, em uma bela manhã festiva, Nestor proferiu sentida prece:

Amado mestre Jesus!

Se nos fosse possível ver e ouvir além do que registram nossos sentidos físicos, veríamos essa imensa assembleia de corações, nos dois planos da vida, que se une em seu nome. E nossos cânticos, somados aos corais de anjos do Senhor, seriam agora uma só voz, elevando-se no espaço.

Nesta manhã, senhor, nossa prece é por aqueles que perderam a faculdade da fala, a capacidade de bem raciocinar e coordenar os próprios movimentos. Nossa prece é por estas aves de asas quebradas, que, não obstante, sabemos que um dia voltarão a voar.

Para essas aves feridas, construímos este ninho – A Casa de Isabela – onde elas possam ser abrigadas, cercadas de toda segurança, proteção e afeto.

Sim, querido mestre! Esta casa é para estas crianças. Ainda que não possam cantar; ainda que não possam articular o seu nome, elas entenderão a linguagem do nosso amor. E amadas, hão de partilhar a mesma alegria daquelas que cantam, andam e correm pelos jardins.

Porque, como bem nos ensinou – Ó mestre! –, valerá mais ao homem entrar neste mundo sem um olho, com um só pé ou uma só mão do que, tendo dois olhos, dois pés e duas mãos, não poder entrar no seu reino, onde as almas gozarão a vida plena e verdadeira.

Enquanto Nestor orava, no mundo invisível, Elza, Virgínia e Rafael contemplavam a sublimidade daquele momento. Com eles, um coral de crianças entoava um hino de gratidão a Deus. E, no meio delas, uma jovem cantava ainda mais feliz, porque já podia pronunciar, sem dificuldades, a mais bela palavra que aprendera: Jesus!

Fim

VOCÊ PRECISA CONHECER:

Na cura da alma

Lúcia Cominatto / Irmã Maria do Rosário (espírito)

Autoajuda • 14x21 cm • 208 pp.

Em Na cura da Alma, o Espírito Irmã Maria do Rosário, através da médium Lúcia Cominatto, nos presenteia com mensagens que enchem nossos corações de fé, amor, coragem, paz e esperança. Envoltos pelos problemas da vida cotidiana, muitas vezes não vemos saída para as situações em que nos encontramos. Desesperados esquecemos de elevar o pensamento a Deus e confiar em Seus Desígnios.

Também somos luz

Lúcia Cominatto / irmã Maria do Rosário (espírito)

Mensagens mediúnicas • 14x21 • 264 pp.

Mensagens carregadas de otimismo e paz é o que encontraremos neste livro, onde a Irmã Maria do Rosário, através da psicografia de Lúcia Cominatto, nos incentiva a buscar nosso objetivo de progresso espiritual sem desânimo e esmorecimento.

Conheça outros títulos da
Coleção *Auto-estima*

365 mensagens de sabedoria e compaixão e *Uma ética para o Novo Milênio,* de Sua Santidade, o Dalai-Lama

A arte da meditação, de Daniel Goleman, Ph.D.

A arte da prudência, de Baltasar Gracián

A arte de viver, de Sharon Lebell

A cura através da terapia de vidas passadas e *Os espelhos do tempo,* de Brian Weiss

A essencial arte de parar, de David Kundtz

Aprendendo a conviver com quem se ama, de Neale Donald Walsch

Conversando com os espíritos, de James Van Praagh

Cultivando a saúde do corpo e da mente, Meditações para a manhã e para a noite e *O poder das afirmações positivas,* de Louise Hay

Descobrindo a alegria de viver, de Salle M. Redfield

Espiritualidade, de Leonardo Boff

Faça o seu coração vibrar, de Osho

Histórias para aquecer o coração, de Jack Canfield, Mark V. Hansen e Heather McNamara

Histórias para aquecer o coração das mães, de Jack Canfield, Mark V. Hansen, Jennifer R. Hawthorne e Marci Shimoff

Histórias para aquecer o coração dos adolescentes, de Jack Canfield, Mark V. Hansen e Kimberly Kirberger

Histórias para aquecer o coração dos pais, de Jack Canfield, Mark V. Hansen, Jeff Aubery e Mark & Chrissy Donnelly

Lições sobre amar e viver, de Morrie Schwartz

O outro lado da vida, de Sylvia Browne com Lindsay Harrison

Pequenos milagres, de Yitta Halberstam e Judith Leventhal

Praticando o Poder do Agora, de Eckhart Tolle